麦肯锡团队管理法

带领团队创造佳绩的40个习惯

[日] 赤羽雄二——著
杜 红——译

すごい成果をあげているリーダーが実行している40の習慣

北京时代华文书局

图书在版编目（CIP）数据

麦肯锡团队管理法 / (日) 赤羽雄二著 ; 杜红译 . —北京 : 北京时代华文书局 , 2020.6（2024.4 重印）
ISBN 978-7-5699-3634-6

Ⅰ . ①麦…　Ⅱ . ①赤… ②杜…　Ⅲ . ①企业管理－组织管理学－通俗读物　Ⅳ . ① F272.9-49

中国版本图书馆 CIP 数据核字 (2020) 第 078898 号

北京市版权局著作权合同登记号 图字：01-2022-0093

拼音书名 | MAIKENXI TUANDUI GUANLIFA

出 版 人 | 陈　涛
选题策划 | 胡俊生
责任编辑 | 樊艳清
责任校对 | 陈冬梅
装帧设计 | 私书坊 _ 刘俊　迟　稳
责任印制 | 刘　银
出版发行 | 北京时代华文书局 http://www.bjsdsj.com.cn
北京市东城区安定门外大街 138 号皇城国际大厦 A 座 8 层
邮编：100011　电话：010-64263661　64261528
印　　刷 | 河北京平诚乾印刷有限公司　010-60247905
(如发现印装质量问题，请与印刷厂联系调换)
开　　本 | 880 mm×1230 mm　1/32　印　　张 | 6　字　　数 | 110 千字
版　　次 | 2020 年 10 月第 1 版　印　　次 | 2024 年 4 月第 9 次印刷
成品尺寸 | 145 mm×210 mm
定　　价 | 45.00 元

自 序

在职场中，作为领导，想必诸位时常苦恼于自己团队成员的职场战斗力。不能紧随自己的步伐、不能创造佳绩、工作迟到懈怠、同样的事务几番提点后仍不能修正、情绪消极抵抗等，领导往往在如何与自己的职员相处这一点上一筹莫展。

为了消除这些烦恼，一些传统的、被普遍认为有效的管理理论在日系企业中沿用至今，但实际应用效果如何呢？这些传统理论是否真的使职员的战斗力有所提高？是否真的帮助他们高效地创造出了业绩？

在广泛接触了众多身处管理岗位的领导并与他们深入探讨之后，我深切地感受到：在真实的职场生活中，很多时候传统的管理方法并不适用。强调领导权威、让员工独立思考解决方法、偶尔对职员进行严厉的斥责等，这些管理方法显然已经无法应对如今的职场生态。在全体员工都做同样的工作以创成功的时代，上述管理方法或许有所助益，但在如今这样一个需要每一位员工都最大限度地发挥自身能力与特点从而以团队的方式推动企业不断向前发展的时代，领导不可欠缺的管理方法是细致甚至细腻地跟踪各个工作环节和细节。

正如本书中所介绍的，当员工在制作资料的过程中受挫时，领导不应坐等员工独自克服困难，而是应该用实际的行动告诉员工如果自己遇到同样的问题会如何去处理。一边为员工做好正确处理问题的示范，一边推进工作，才能让员工早日在工作中独当一面，实现个人的成长。

也许你会觉得太麻烦，但这样的方式确实能让领导和员工都能尽早处理好眼前的任务，并尽快顺利地着手下一步的工作。在领导手把手的指导下，员工应该也会不知不觉地成长为可以委以重任的“值得信赖的员工”。

本书围绕如何以提高部门的业绩为中心，同时让员工最快速、高效地提升职场战斗力的主题展开论述，并辅以生动的图示进行深入解析。领导要创造佳绩的最佳方式，就是恰如其分地让每一名员工都创造出业绩。要一步步实现这一目标并不困难，本书详细介绍了马上即可实践的具体方法。若能对苦恼的领导有所助益，实属本人之幸。

赤羽雄二

目　录

第一章　领导明确传达工作流程

第二章　领导积极正面地激励员工

第三章　领导要让员工有所成长

第四章　领导只有不断提升自我，才能有效领导他人

第一章

领导明确传达工作流程

1

达成一致的发展目标

一、要达成业绩目标，个人的成长与进步不可欠缺

要轻松地取得佳绩，最简便的方法便是每位员工都能创造出业绩。但这并不意味着要“将员工榨干用尽”，而是要因人而异地有效激发每位员工的潜力和干劲。

不可否认，确实存在不少事无巨细都要亲身执行才能放心的领导。问其原因，无非是“我自己干反而能快些完成”“我自己来做效果会更好一些”之类的看法。

但一个人的时间和精力是有限的，能完成的工作也必然是有限的。当面临大项目、大工程时，员工的个人力量和付出不可或缺。

首先最重要的一步，便是为团队成员设定目标。我所接触的众多企业领导使用该方法都屡试不爽，实践证明签订“业绩·发展目标同意书”是有效的。其模板如图 1 所示。

为何我强调领导要将员工的个人业绩目标用纸质方式留存呢？若只是口头询问员工的业绩目标就了事，很容易导致向员工

确认时出现如下对话："你之前不是定了这个目标吗？""我说过这样的话吗？"若能白纸黑字约定下来，领导便可随时向员工进行再确认。

若你觉得用书面确认的方式过于麻烦无法坚持的话，可选择用简单的模板进行约定。

或许有的领导会存疑："为什么要将公司的业绩目标与个人的成长目标挂钩呢？"请你试着细想，对企业的发展而言，这两者难道不是处于同一阵线、不可分割的吗？业绩目标是企业生存的第一要义所在，为了实现这一目标，员工个人的成长与进步必不可缺。这也是将其命名为"业绩·发展目标同意书"的原因所在。

二、挖掘并表扬员工的长处后签订，员工将乐意与企业达成一致

"业绩·发展目标同意书"由领导进行书写。如果你是新上任的领导，对员工还不甚了解，那么建议充分听取前任领导和员工本人的意见后再进行书写。

同意书分为四个板块，请按照以下顺序依次填写：

①在左上方记录员工的优点和长处。尽量具体化描述，并按照重要程度依次记录七八条。

②在左下方写入员工的发展事项。让签署同意书的员工感受到这是他自己成长发展的大事，尽量详细记入五六项。

③在右上方记入业绩目标与发展目标。业绩目标以公司设定的目标为准，复制记入即可。发展目标则与发展事项一一对应记入。

④在右下方写入要实现发展目标所需要的“员工本人的行动规划”和“领导的行动规划（支持和指导）”。

在此同意书的基础上与员工进行面谈，可以获取员工对项目推进的绝对支持。兴许有些领导会不太自信，觉得“员工会反感这样的方式吧”。但如果在同意书上大量列举并表扬员工的优点、长处，相信大部分员工会欣然接受——“确实如此，领导居然看到了我身上这么多亮点”。有员工一开始不太乐意，但只要领导耐心细致地向其说清楚意图，他们也会理解并接受。

同意书签署之后，领导与员工每三个月进行一次面谈，按阶段确认员工是否依照发展目标有所进步。

1　员工的成长与领导是息息相关的

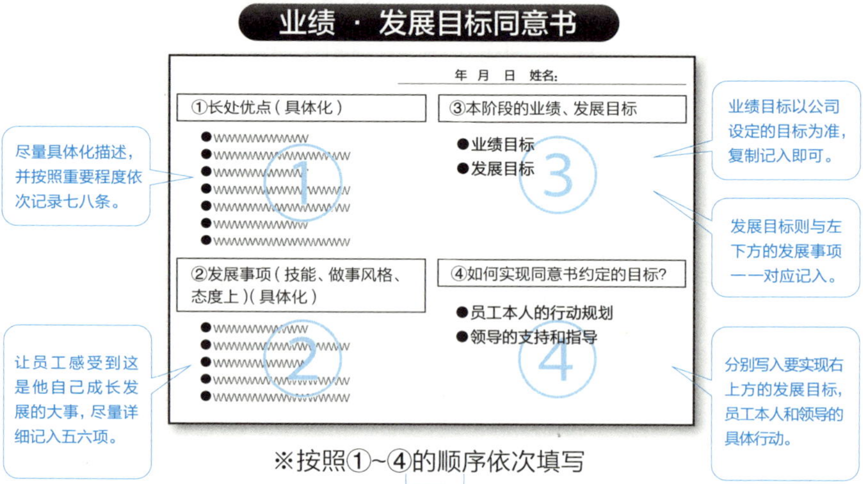

※按照①~④的顺序依次填写

关键点

通过达成一致的目标，使接下来应该开展的具体工作明确化。

2

白纸黑字约定“工作推进方法”

一、仅仅确立目标并无意义，“如何推进工作”才是关键

例如，与员工达成一致并签订了“业绩·发展目标同意书”的领导A先生丝毫看不到员工的改变。明明约定好了“千万不要积压工作”，但工作依旧推进缓慢；明明约定好了“会议上要积极发言”，但员工依旧毫无发表意见的热情。究竟为何如此不顺利呢？

在为A先生说明“业绩·发展目标同意书”的制作顺序时，尽管提示他要详细写下员工本人的行动规划与领导的行动规划，但A先生和员工的问题仍出现在这一环节。不管确定了多么远大的目标，一旦无法落实到行动上，就可以说是毫无意义的。

例如，有一个考生立志“想去某某大学”。即便他热情满满，但一味盲目地死学，依旧很难真正如愿。要想考入这所大学究竟应该从何入手，他必须事先进行谨慎而具体的思考。诸如“如果英语是弱项，那么就每天记忆20个英语单词”“每周六做一套

某某大学的入学考试真题”等，必须着手用具体的方法进行具体的推进。

工作亦同理。一旦确定了目标，接下来就必须思考实现这一目标应该具体采取怎样的行动。一旦确定了应该如何去推进工作，那么就应该白纸黑字将工作推进方法记录下来，并具体执行。

二、预先创造优化的工作方法以实现目标

假设工作中有一位工作状态时好时坏的员工，他工作情绪的不稳定直接导致了工作质量的不稳定，同时也会让团队其他成员困扰不已，此时我们可为他将目标设定为“保持稳定的情绪和十足的干劲”。

应该如何实现这一目标呢？如前所述，此时应尽量让这位员工具体地写出自己“怎样行动以实现目标”。例如，可指导员工从以下角度思考：

●制作一份工作的核对清单（将工作任务分解，使自己能从每一项小任务的完成中反复获得小小的成就感）。

●早上来到公司的第一件事便是写出当天的工作任务，并公布在自己和周围人都能看到的地方。

●每隔两小时稍做休息。

我认为工作干劲时有时无的原因，可能是员工不太明确接下来应该做什么，也可能是其工作疲劳所致。但我们不能将这样的问题简单地用所谓的精神论来一语带过。事实上，若能创造一套避免工作情绪时好时坏的方法，那么员工就能一直保持良好的精神状态投入工作中去了。

此外，与容易积压工作的员工约定“收到邮件要立即回复”，与工作消极的员工约定“在团队会议上至少发言三次”，并确认其是否完成。这与“业绩・发展目标同意书”一样，领导必须提前思考一些明确、具体、易检验的事项，与员工商议后进行白纸黑字的约定，并由领导和员工一目了然地判定约定事项是否达成。

2　“约定简单明确”等于“工作顺利推进”

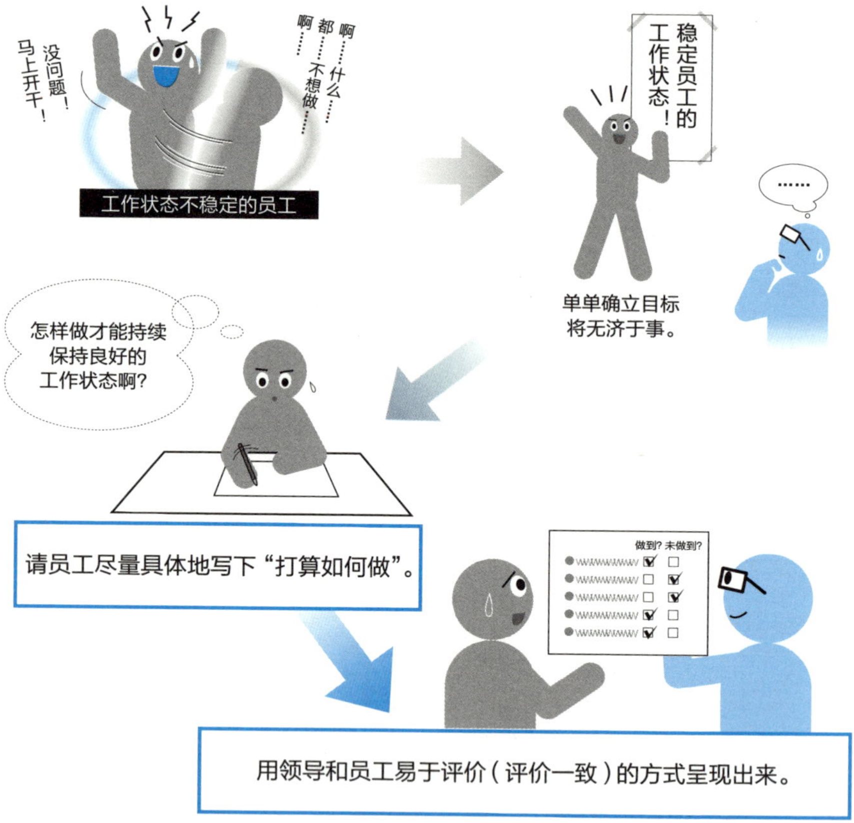

关键点 **做到？未做到？只有一目了然才能顺利推进工作。**

3

工作单靠默契配合不可取，须明确具体的操作流程

一、所谓“具体的指令”是指明确提出解决问题的方针

领导的指令不能顺利地传达到员工，原因通常有两种：一种是因为领导的传达方式有问题，还有一种是由于员工的理解能力有限导致其不能准确领会领导的意图。

若是前者，那么责任在领导。明明给出的指令非常暧昧含糊，却还一副“我说的你自然应该都懂”的态度，可谓蛮横粗暴，任性无比。

“工作过程中心照不宣、默契配合很重要哦！”有的领导或许常常这样教导员工，但这也是无法准确发出具体指令的领导的托词。未来，与领导价值观不同、个性突出的员工势必不断增多，所谓领导与员工默契配合这样的工作方法将越来越难以适用。

“我发出的指令已经非常具体了。”有时虽然领导认为已经发出了明确的指令，但依然有员工理解得不彻底。这是由于领导

发出的指令没有涉及实现目标的具体方法。只有直指解决问题的指令，才能称作“具体的指令”。

但是，有不少领导认为“只有通过让员工自己去思考解决问题的方法，他们才能有所成长”。从表面看来，这样的观点尊重了员工的自主性，是很好的方法，但存在三个问题：

①这样的领导容易被员工判断为惰于思考的狡猾的领导而失去员工的信任。领导还会因为这种观点养成把工作一股脑儿全丢给员工的不良习惯。

②领导发出指令时并没有向员工传达所有的信息，因此员工无法从全局进行思考，只能凭借想象来填补头脑中的空白，极易引起错误的理解。

③这样会导致员工浪费大量的时间去揣度领导的意图。“如果我这样说，兴许领导会那样回复我吧”，员工会非常在意领导的反应，反而无法果断地提出自己的想法。

二、明确全部的操作流程并非娇惯员工

所谓具体的指令必须与员工的技能、经验和性格相匹配。如果是工作能力强的员工，只需向其说明概要，相信他也能完美地完成任务。但如果对象是经验尚浅的员工，就必须手把手地向其

一一说明工作的流程和步骤。

例如，向员工发出采访顾客的指令时，领导粗略地要求员工“就这样提交一份采访总结给我”，有的员工能充分理解意图并很好地完成任务，有的员工却完全不知该从何入手。针对后者，领导须在事前向其确认以下事项：

●采访哪种类型的顾客；

●以哪家公司为主要对象；

●采访什么内容；

●如何总结采访到的信息；

●如何向采访对象致谢。

也许有人会质疑“领导这样做难道不是太过娇惯员工了吗”，但是如果不这样细致地指导，做出来的采访总结可能会毫无意义，并且对于特意牺牲时间接受采访的顾客也过于失礼了。

领导细致地向员工说明一次工作的具体操作流程，下一次就可相对简单地进行指导。如果领导固执地不肯牺牲这点时间，那么员工的工作将永远没有效果、没有进步。

3　一一向员工说明工作流程，省时又省力

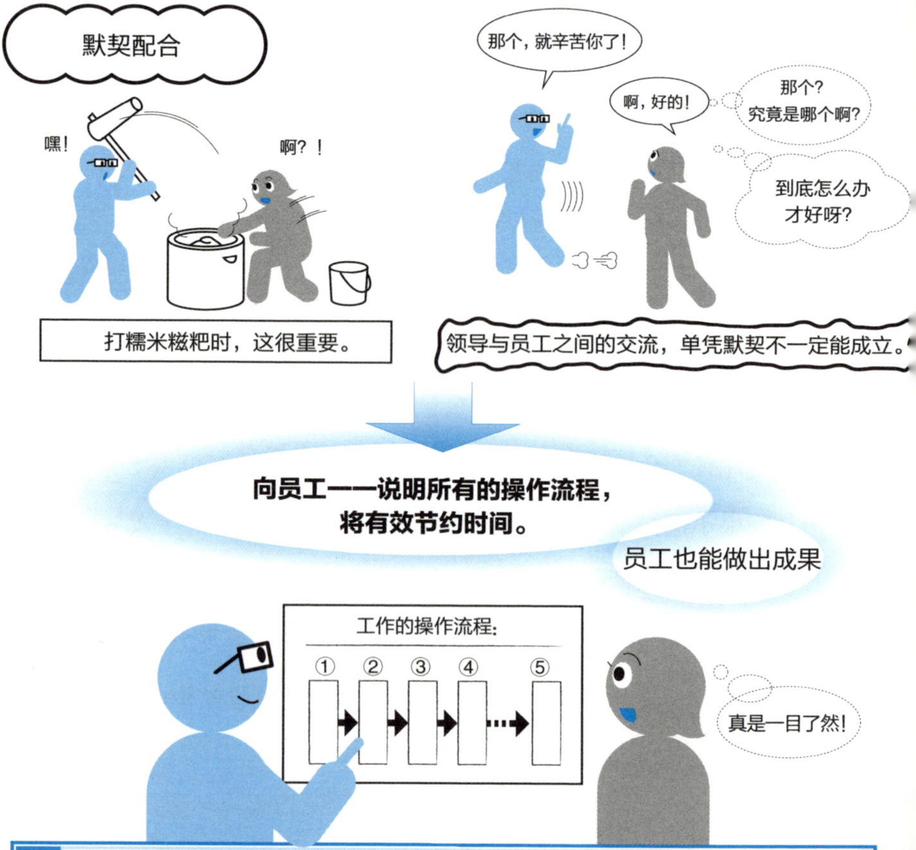

关键点　**面对经验尚浅的员工，若不手把手向其一一说明工作的流程和步骤将会百事难成。**

4

运用“输出设想法”指导资料制作

一、麦肯锡创造的高效资料制作方法

作为领导，你是否有过这样的经历——当看到员工所制作的资料和文书时，“嗯……跟我预想的完全不一样呀……”

当成果与自己所设想的效果相去甚远时，可能有的领导会将责任全部归咎于员工，“这家伙果然还是不行啊”；有的领导甚至会毫不留情地愤而训斥，“你为什么就听不懂我的意思呢”。其实不然，这责任根本在于作为领导的你自己。

领导和普通员工所掌握的信息量是截然不同的，因此，即便你认为你已经很清晰地向员工传达了意图，但期待员工能如你设想般提交完美的成果基本是不太可能的。而在时间紧、任务重的工作周期内，领导最想避免的便是资料推倒重做和反复修改吧。

接下来要介绍的，便是我在麦肯锡时代同时应用于多个项目而总结出的一套行之有效的“输出设想”的资料制作方法。因为其最开始就揭示出领导所设想最终文书样式的效果（输出），所以被命名为“输出设想法”。

具体操作流程如下：

①领导做好资料的封面和目录，插入各章节的页数，并在每一页上编上页码。具体内容可以粗略带过，但一定要审慎细致地列好章节的构成、需要员工在每一页上写什么内容、插入怎样的表格等内容提示，尽量具体地按照自己的设想规划出相应的位置。

②复印几份分发给员工，并进行全面的解释和说明，同时回答员工的各种疑问。

③频繁地确认进度（每两周确认 7～10 次），一旦发现员工有未完善和出错之处，领导可及时进行补救。

二、制作时间限制为 30 分钟，充分锻炼领导自身的判断力

输出设想资料制作法能让大脑高速转起来，因而在养成习惯之前也许作为领导的你会感到有些吃力。但是，该方法正好可以锻炼领导的思考能力，能让你迅速成长。

进行①的操作时，如果是 30～40 页的资料，请领导在 30 分钟内制作完成输出设想。也许你会觉得 30 分钟太短了，但只要能坚持 4～5 次，相信你就一定可以做到。更高的领导岗位必不可少的就是在各种情况下的果决判断能力，因此此时开始限制

制作时间，不仅可以锻炼领导自身的能力，为走上更高的领导岗位打下基础，而且能借此机会为员工提供恰当的指导，这都是作为领导的基本素质。

采用这种方法后，员工不仅不会感到过大的压力，反而能较快速地完成资料的制作，最终的输出效果也将大幅提高。

领导熟悉并习惯使用“输出设想法”之后，可以在员工的面前进行操作，同时征询员工的意见进行制作推进，进一步提高制作速度。“原来是这样操作的呀”，员工也能逐渐学会正确的工作操作流程。

“输出设想法”不仅可以应用于资料制作，还可以应用于产品设计、程序设计、使用说明书制作等。在广泛的文书和设计制作业务中，都不妨一试，定会事半功倍。

4　切勿让员工频繁受挫，他们才会有所成长

关键点 通过“输出设想法”，提高员工制作资料成果的质量和速度。

5

细致确认工作进展，避免员工工作失误

一、员工产生困扰时领导不给予输出指导反而“一味施加任务”，将影响效果

“输出设想法”有效实施的关键正是领导和员工细致地对操作过程进行频繁确认。上一节中简单提到过“每两周确认 7～10 次”，不仅限于“输出设想法”所指导的资料制作，“反复确认”几乎在所有的业务领域中都是极其重要的事情，此处将进行详细说明。

为何必须对工作微小的进展进行确认呢？这是为了提高工作的效率与质量。

如 22 页的图 5 所示，X 轴是时间（t），Y 轴是质量（Q）；平缓的上升曲线代表理想的进步。如果领导一味向员工施加任务，员工不可能有理想进步，并会在某个时间点遇到困难难以解决，反复试错，因此实际呈现出来的效果就如标记了 X 的发展曲线，呈锯齿状的折线。

到截止时间时，员工发现成果基本成型了，但与领导的期待

相差甚远。员工因反复试错而浪费时间，对最终工作成果的质量和数量的提升并无半点益处。

二、每次确认进度都是一次水平的提升

这种状态下完成的资料是不能直接拿给外人看的，因此领导不得不指示员工重新制作。但要做到完全符合领导的预想会花费大量的时间。领导思来想去最后的结果就是怎么都不满意，只能自己动手重新完成。这样一来，领导的大量时间就被剥夺了。

这样失败的经历同时也会让员工丧失自信，多次之后甚至可能形成精神创伤。不让员工有挫败感，带领并陪伴员工一起走到最终的目的地，这正是做领导的责任。

很多领导认为“从失败的教训中也可以总结很多经验”，但是成功的体验才能有效提升员工的自信心和工作干劲，并促进他们的成长与进步。

频繁并细致地进行每一次确认的时候，领导都可以及时进行修正并将员工往理想的结果上引导，从而有效地避免失误，也不会浪费领导和员工的时间。

“作为领导，我也很忙呀，根本无暇进行如此细致频繁的进展确认。”也许有的领导会有这样的看法，最终确实可能花少

量的时间就完成了工作。但是在截止日期之后如果发现问题还需要修正的话，那就必须挤出足够的重新归纳总结的时间，这样会给其他相关业务的开展带来麻烦和妨碍。如果在操作进行过程中领导就反复细致地确认工作进展，并且每次确认都进行相应的调整和修正，不仅可以最终节省时间，而且员工也会越干越有劲、越干越投入。至于为何要时刻关注和协助员工的工作，以后我会做详细的说明。

如同“业绩·发展目标同意书”的项目（参考第 1 节）中推荐每三个月进行一次进度确认一样，领导在采用“输出设想法”推进工作时，也请进行细致而频繁的确认吧，这样才能切实地提高生产力，领导也将更加轻松，并且更能获得员工的认同与感谢。

5　通过确认进度以提高员工的工作水平

通过"输出设想法"进行进度确认（O）和不进行进度确认（X）质量的差异

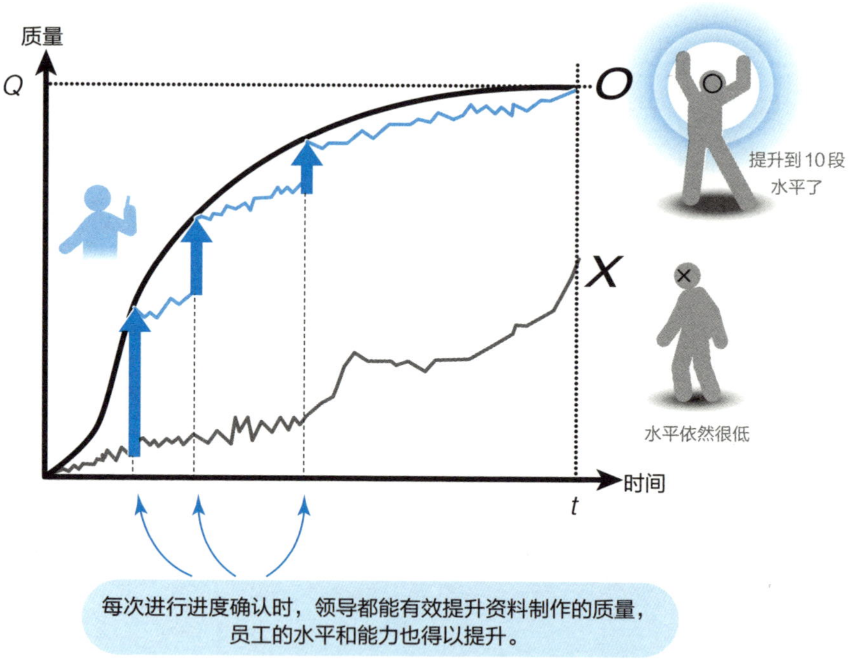

关键点　**每次确认进度，领导都可指导员工进行修正和完善，一点点激发出员工的工作干劲。**

6

领导亲身示范

一、会游泳的员工没问题，职场“旱鸭子”必将溺水

将员工丢入水中，说“你自己游啊”，这样的领导不在少数。但是，员工之中有会游泳的人，也有不会游泳的“旱鸭子”。会游泳的员工稍加模仿应该就能越来越熟练；但不会游泳的员工，如果领导不教会他该如何游的话，就只能溺水了。工作中“旱鸭子”可能不能如期完成工作，或者如期完成了但质量不佳，因此领导必须亲身示范，教会职场“旱鸭子”游泳。

在第4节“输出设想法”指导资料制作中，我曾提到过员工有未尽之处，应由领导进行补足和补救。相信此刻依然有领导质疑这种观点，认为“只有放手让员工去做，他们才能真正有所成长”。

但是面对能力欠佳的员工，不管如何放手让他去做，他都不能达到领导要求的效果，只是重复失败罢了。领导的关注和指导必不可少。

为什么领导要对员工的未尽之处进行补足呢？主要有以下几个原因：

一是除了领导，没有别人会做了。并非员工偷懒怠工，只是由于能力欠缺、信息不足等因素无法做出达到领导理想标准的成果，此时如果领导不出手相助，怎么能提高成果的质量呢？

二是如果领导认真地研究员工的成果并给予指导，员工会从内心萌发感动和感恩。如果领导只是生硬地退回员工的成果，“请重新再做”，员工难免会暗暗认为“你到底认真看了没有啊？”“就知道挑我的毛病！”“领导自己不是也没有什么好点子吗？”，最终其将失去员工的信任。

三是有利于加快对员工的培养，使员工快速成长起来。员工倾尽自己的全力制作资料，但为什么依然达不到理想效果？到底是缺了什么呢？通过领导的亲身示范，员工将获得一种醍醐灌顶般的顿悟：“哦，原来这样做就行了。”

二、没有过大的压力，才能够最高效地推进工作

运用“输出设想法”指导资料制作的过程中，领导给员工展示自己做好的样本时，请务必注意以下几点：

①内容不够充实的时候，询问员工有无想要呈现的内容

（往往员工脑中有思考但很多时候没有用纸质形式整理记录出来）。

②以员工的建议为基础，由领导将其用恰当的表述记录进适当的页码中。

③一小部分的微调也会对整体产生影响，因此连同前后相关的页面内容一起进行修正，然后对资料整体进行再次确认。

前一节已经讲到员工因反复试错而浪费时间，对最终成果的质量和数量的提升并无半点益处。如果员工的未尽事项大多能由领导进行补足，员工则可以卸下沉重的思想包袱，最高效地完成自己的所有工作。从结果来看，员工从中也得到了最有效的学习。

6 直接将员工扔进水中的领导与亲身示范教会员工游泳的领导

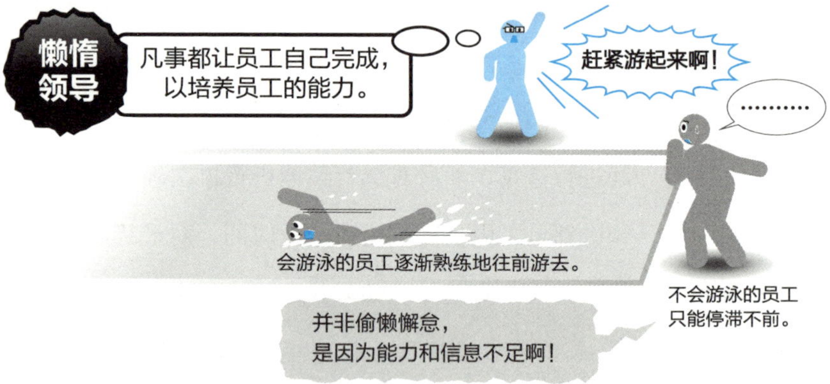

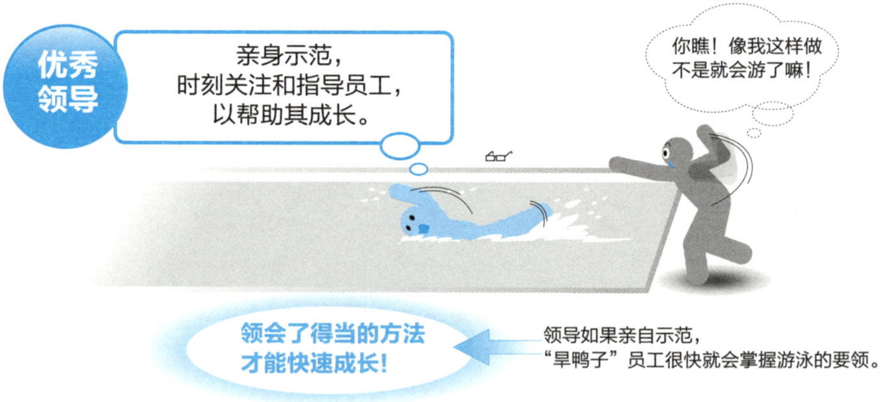

关键点 领导若不亲身示范，员工所出成果的质量将无法提高。

7

运用整理事务的 2×2 矩阵模型

一、运用模型整理事务

经验尚浅的员工不擅长有效地整理事务，待研究的材料增多后容易混乱。为了避免出现混乱，在此为大家介绍一种能帮助迅速整理事项的矩阵模型。

例如，你打算买一台笔记本电脑。操作体验、价格、重量等，需要考量的项目太多，让人眼花缭乱，无从下手。此时，2×2 矩阵模型正好能派上用场。如图 7 所示，请跟我一边看图一边确认如何操作。

首先在 *X* 轴和 *Y* 轴中设定好你认为要重点考量的核心项目。例如，我将 *X* 轴设定为操作体验（优或一般），将 *Y* 轴设定为便携性（优或一般）。

预算内符合条件的候选产品一共四台。A 公司的产品 CPU 性能很好，因此操作体验很好，但是太重不方便携带；

由于便携性稍差所以将其放入右下框内。接下来是 B 公司的产品，轻量设计是卖点，但 CPU 和硬盘都明显劣于其他厂商的。此外，虽说轻量，但电池的续航时间较短，导致产品不能长时间外带；对其便携性存疑，因此将其放入左下框内。C 公司的产品基本和 B 公司的产品类似，但是电池的续航时间要极大地优于 B 公司产品，因此将其放入左上框内。D 公司的产品虽然存在外观设计朴素、未安装办公软件等缺点，但操作体验和便携性都优于同价位产品，因此放入右上框内。

这样将备选项目都一一放进矩阵模型中，备选项再多也不会混乱。

这次购买如果是以操作体验和便携性为主要考量的话，可以说 D 公司的产品正好合适。不需要外观设计特别突出，并且办公软件购机后自行安装即可，购买这一款性价比最高。

二、重要的是对矩阵模型“运用自如”

如果采用模型，大量的事务可以得到有效规整，因而可以根据模型规整好的内容，果断地做出决定。如果没有根据各要素有效地整理各种备选项，就有可能被“啊！那台电脑的外观设计很漂亮啊！”这样感性直观的冲击所迷惑，导致无法优先考量甚至忽略掉操作体验、便携性等核心要素。本次的购买主要是以操作体验和便携性为优先，若要以外观设计为主的话，那就以外观为核心元素另做一个模型，重新考量备选项再做选择即可。

生活中处处都可应用这样的矩阵模型，与其生硬地记忆各个候选项的优劣再做选择，不如多做练习，熟练掌握并灵活运用这样的矩阵模型。刚开始运用时 2×2 的矩阵模型就足够了，首先领导自己亲身尝试使用，然后指导员工学会使用该模型。

最关键和最困难的就是如何设定核心轴。要学会怎样最恰当地设定核心轴，只有不断实践与尝试。

试着在 A4 纸上制作 6 组 2×2 的矩阵模型，复印 50 份，请你试着每天用一份，完成 6 组模型的练习。持之以恒地坚持练习，制作模型的速度应该会越来越快。每天完成 6 组模型的练习任务虽然有些艰巨，但要想真正掌握并灵活运用模型，这种强度的练习是必需的。

7 简明实用的矩阵模型

浪费了大量时间，依然无法拿定主意。

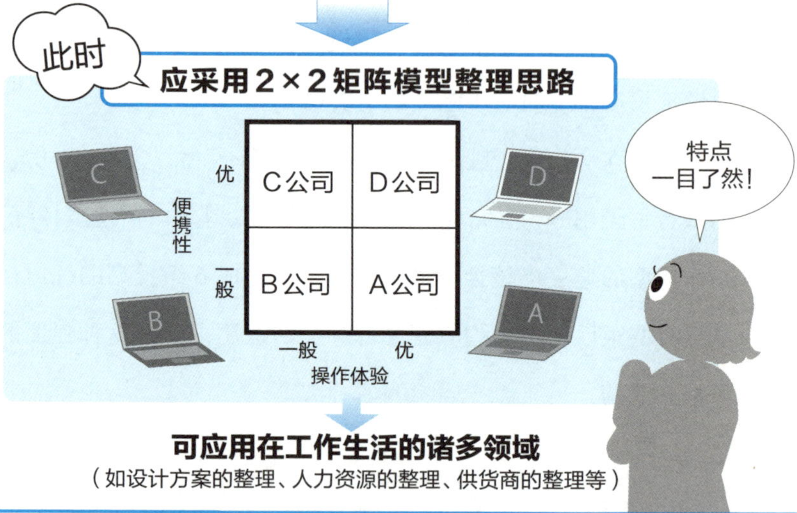

可应用在工作生活的诸多领域

（如设计方案的整理、人力资源的整理、供货商的整理等）

关键点 **熟练运用矩阵模型考量事务后，可避免工作中武断地做决定。**

8

指导员工用“A4 纸记录法”整理脑中的混沌事务

一、好记性不如烂笔头

我始终认为没有所谓的笨蛋，每个人都是“聪明人”。被认为不太聪明的人不是真的不聪明，只是不太会聪明地使用自己的大脑。经验欠缺和实力不足使人惶恐不安、工作量太大无法应付、被领导批评后丧失动力等，无数的混沌事务搅在一起，大脑运行的效率自然降低了。

本节中我将介绍的“A4 纸记录法”正是可以使每个人的大脑高速运转起来成为“聪明人”的梦幻般的训练方法。拙著《零秒思考》（日本钻石社）详细介绍过该方法，可能有的领导已经亲身实践过了吧。这方法不仅适于领导使用，也请你推荐给员工使用。团队全体成员若都能掌握“A4 纸记录法”，所有人的工作效率应该都会提高不少。

需要准备的道具仅仅是一张 A4 纸和一支笔。虽然只是写出自己头脑中思考的事项，单纯地重复这一操作，但这样可以帮你理清头脑中的混沌，头脑也能高效地运转起来，可瞬时导出自己脑中的答案；同时，深入思考的能力也将越来越强，对工作有更强的推动力，使一切都可顺利推进。

二、每天记录 10 份思考事项，三周之后奇迹见证头脑灵活运转

“A4 纸记录法”实际上依照以下几项简单的步骤按部就班地开展即可：①横向放置 A4 纸，在左上角记入主题；②在右上角记入时间日期；③写入具体内容。

首先在题目一栏写上思考的主题，工作或者个人兴趣等任何内容都可以，不需要深入思考，想到什么就写下什么主题吧。如“为什么和领导话不投机呢”“为什么早上不能按时起床呢”“想联系的人的名字”等，甚至“喜欢的电影”也可列为主题。

在具体内容中写入自己关于该主题的思考和感想等。若以“为什么早上不能按时起床”作为主题的话，可以写入“因为工作完了很晚才回到家，直到半夜 1 点才睡着”“由于每周至少要看 3 次深夜的动漫节目”“即使开着空调，但天气太冷了还是不想起床”等具体内容。请尽量将句子的长度控制在 20 ～ 30 字，每个主题

写入 4 ～ 6 句。

时间限制是一个主题写一分钟，刚开始写的时候可能只能写下少量内容，但是尽量不要延长时间，控制在一分十五秒以内。慢慢习惯和熟练之后就能写出较多的具体内容了。

就这样每天写 10 页，总共约 10 份就可以了。

只要写了几份之后，你就能看到效果，但显著的变化发生在坚持三周以后。头脑运行的速度变快了，每一天都过得越来越轻松。“A4 纸记录法”对工作效率本来就较高的人也是效果良好的，我本人也一直在坚持实践。

写好之后就分门别类地放入不同的文件夹中。工作、家庭、兴趣、人际关系等，准备 7 ～ 10 个文件夹为最佳。每隔三个月就将过去三个月的记录都归总回顾一遍，就可以看到这三个月中到底进步了多少。六个月之后再看一次，就可知道自己已经基本熟练掌握了该方法。

8　只用纸和笔就能提高大脑的运转效率

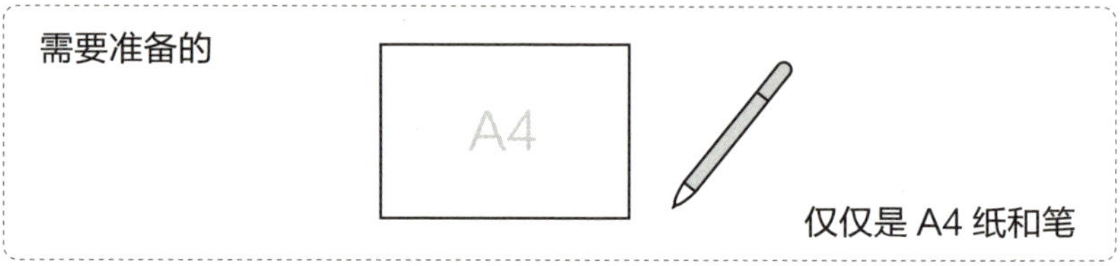

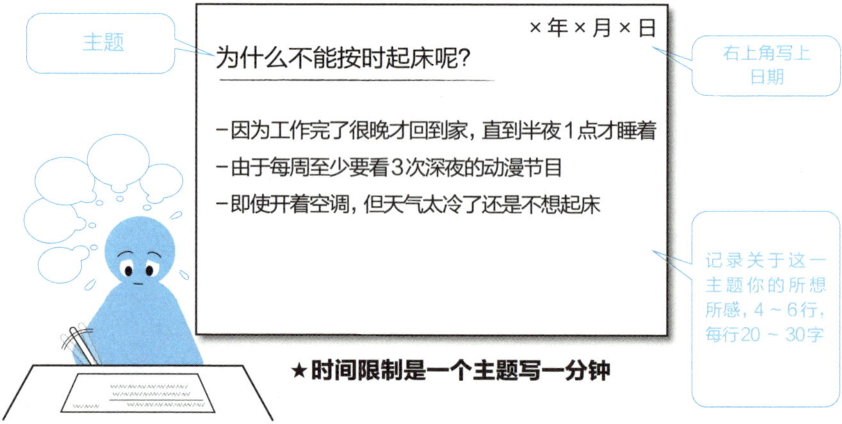

每天写10页（约10份），脑中的混沌即可消散，大脑的思考效率将大大提高。

实现瞬间判断　提升深入思考的能力　提高工作动力

益处多多！

关键点　**持续坚持三周的"A4纸记录法"，你将看到显著成效，生活将越来越轻松和愉快。**

9

用假定思考法反复检验，提高工作效率与精准度

一、成功的关键在于尽快行动，而非精妙假想

生活中我们总是善于一边做假设一边行动。“今晚好像有点冷啊，所以多穿一点儿吧”“这周要买很多东西，那先从 ATM 多取一点儿现金吧”，等等。真正的情况尚不清楚，就已经假设好“大概、好像、似乎是这样”，该行为被称为“假定思考”。

为何要做假定思考呢？理由其实很简单。如果一直坐等出现完美的结果，会浪费很多时间，并且什么也做不了，也有可能现实并未按假定的设想发展。所以最关键的不是花费大量时间去设定精妙的假想，而是在假想的基础上尽快付诸行动。即使最终失败了，但如果尽早行动，就可以尽早修正；也可吸取经验教训，为今后的假想设定提供参考。

但是，一旦从日常生活转换到工作中，我们往往就忘记了假定思考法。这正是由于在工作中被“再做一些调查，然后再慎重

地向前推进比较好吧”的意识和思维强烈地驱使。明明通过假定思考法可以大大地提高工作效率，但却弃之不用。团队工作要出成果，假定思考是必需的思考方法。领导也好，团队成员也好，都请积极地尝试在工作中多使用假定思考法吧。

二、一边行动一边思考，假想和检验循环进行

假定思考法的重点在于不断检验。

假如你是一家超市的店长，设定了这样一个假想：“节假日带着全家一起来逛超市的人很多，如果多增加些现场演出促销活动的话，兴许能够吸引更多的顾客来店购物吧。”

显然这不会仅仅是设想而已，你一定会用行动来检验自己的设想。你会去向现场实演人员和卖场负责人打听顾客的反应，会试着询问下老顾客的感受，也会试着去了解一下顾客是否会向服务中心投诉和申诉，还会向合作商了解其他超市的促销情况，等等。

你会全面搜集各种各样的信息以检验自己最初的假定，然后确立新的假定。在超市销售中，顾客不一定会因为带着全家来逛街就驻足关注现场演出促销，因此可以尝试每个周末都变换商品进行促销。虽然全家来逛超市，但由于家庭构成不同，每个家庭和个人对商品的需求是不一样的，因此可以尝试变换品种更加丰

富的商品开展促销。

反复进行这样的假定和检验，多次思考和实践后逐渐就可找到正解。所以假定思考法并非“深思熟虑后再行动”，而是不间断地进行“一边行动一边思考”的循环。

所谓循环就是指按照①设定假想、②检验、③修正假想、④检验的顺序不断重复。习惯了假定思考法后，设定假想的速度就会提高。

9　失败是成功之母

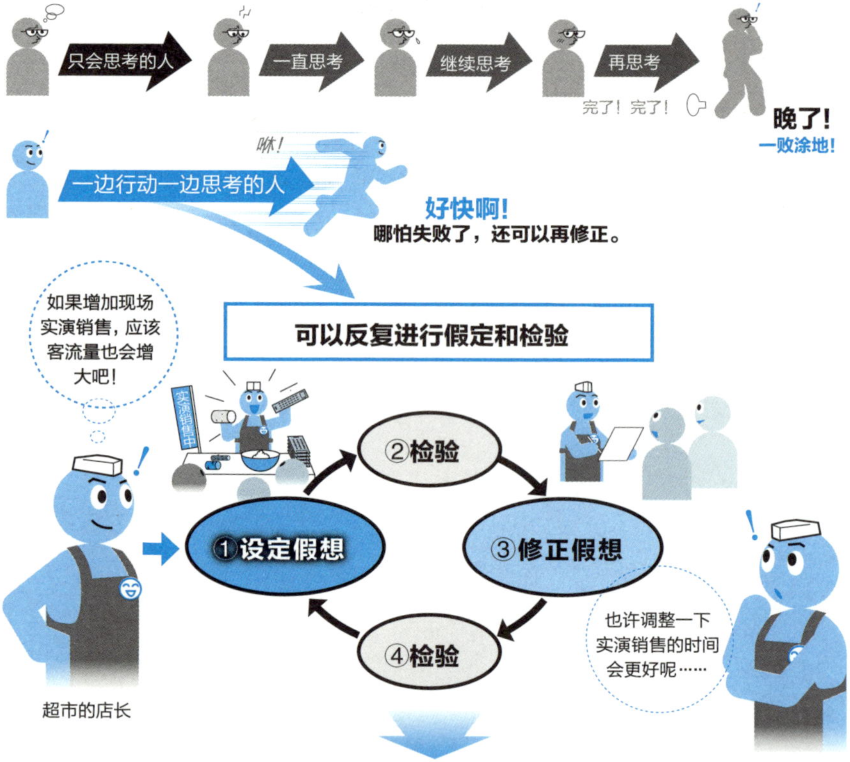

反复进行假定和检验，逐渐就可找到正解。

关键点 假定思考法可提高所有工作的效率。

10

运用“零基础思考法”让员工迸发出崭新的思维与创意

一、质疑理所当然的事情

“零基础思考法”是让自己和员工都保持对所谓理所当然之事的质疑、以此前没试过的全新视点迸发出崭新的思维和创意的思考方法。

对自认为理所当然的事情，人们总是从不怀疑。例如，人们总认为洗衣机和冰箱这样的大型家电固定在家里是理所当然的，很少有人会质疑这些大家伙“为什么就不能随身携带呢”。但只要我们尝试着多问为什么，就会有更多更新的疑问和想法迸发出来。

“为什么就不能随身携带呢？”

“如果缩小体积，还能否达到它原本的功效呢？”

“如果生产出可随身携带的洗衣机和冰箱，将会给社会带来怎样的冲击呢？”

实际上可携带的洗衣机和冰箱都已经可以买到，因此可以说新产品大多都是通过这样的“零基础思考”而诞生的。首先对理所当然的事情要大胆质疑，彻底深入地思考：“为什么就必须是这样的呢？”“如果不这样的话是否真的就不行呢？”

二、试着写下那些默认的前提条件

最开始运用“零基础思考法”时必须有意识地进行，否则将无法掌握要领。在此为大家介绍“零基础思考”的锻炼方法。

①零基础思考组织构建

让我们来举一些自己公司里默认的前提条件。

●傍晚和晚上也习以为常地会有长时间的会议。

●基本上带薪休假都不能全部兑现。

●讨论时，往往只有领导的意见畅通无阻。

如果以上默认的现状都不存在了，公司将变成怎样，就此试着把你想到的记录下来。这样一来，之前从未有过的一些有关公司组织建设的改善方法将生动地浮现出来。

②零基础思考各种服务

关于平时自己习以为常地享用的服务和自己公司所提供的一些服务，我列出几条大家默认的前提条件。

●自己常去的便利店始终办理不了某种针对传输电影和音乐的订制流量服务。

●杂志不能拆开每篇采访散装零售。

●快递小哥总是在家里没人的时候送快递过来。

如果好好思考一下，这些我们习以为常的事情到底应该怎样才能让人感到便利省心，就一定会有全新的服务金点子浮现出来。

③讨论

根据①和②你自己思考的结果，再组织更多的人对其展开讨论，这将进一步训练想象力，也会引发大家想出更多更好的点子。

在日常生活和工作中，如果你有时不由自主地感到“咦”，也许这正是创意诞生的前兆，不要让机会白白溜走哦。

10　零基础思考的训练方法

关键点　**对大家认为理所当然的事情要敢于质疑，养成善于质疑的好习惯。**

11

始终坚持“即时回复”与“从结论导向答疑”

一、避免脑袋一片空白，鼓足勇气从容应对质疑

相信很多人会有在发布展示和会议等场合被客户和领导尖锐提问的经历吧。如果是经验丰富的员工，即便被质疑也能沉着应对。但是对于经验尚浅的职场新人，这可谓是非常严苛的考验——头脑一片空白，本来准备好的答案会瞬间从脑中飞走，甚至可能吞吞吐吐无法完整地表达，场面简直惨不忍睹。

有的人能够适应这残酷场面，也有的人就此心生畏惧，越来越害怕在人前发言和陈述观点，甚至已经身经百战的人士也会因为一次失败经历而丧失信心。为了不让员工成为那样的人，让他们学着掌握不管面对怎样的问题都能沉着应对的方法吧。已经担任领导职务但依然不擅长回应质疑的各位也可以学习该方法，相信对你一定有所启发。

面对他人的问题脑袋一片空白，是因为没有做好充分的准备。

不管发言多么有说服力的人，只要是在大家面前发表观点，就不可避免地会被提问。参会者不停举手提问的研讨现场与完全没人举手提问的研讨现场，哪种讨论更热烈、更有意义，这自不待言。

因此，被提问当然是一件好事。怀着“请大家随意提问”的觉悟，鼓足勇气从容应对即可。

二、立即回答，结论比过程优先

在实际工作中，要如何应对质疑？首先便是尽可能做到立即回答。只要做到立即回答，就可以让提问者放心。也许有人会认为“能做到立即回答的只有非常有才华和能力的人吧”，但实际上任何人都可以做到立即回答。不需要特别的技巧和资质，只需养成习惯就行了。

不能做到立即回答的人，往往会养成喋喋不休、说话冗长的不良习惯。虽然他们有时候也会一边支吾“嗯……”“这个嘛……”，一边为自己争取思考的时间，但这样只能让提问者感到不安。如果被人提出疑问，请你如这般立即回复“对，确实如此。确实如你所言。实际上针对这个问题我也一直有所担心”之类的。如果养成了这样的语言习惯，立即回答就没有想象的那么困难了。

在立即回答的时候，为了让自己的回复有说服力，要先从结论开始讲起。

例如，在被问到“这个项目几年可以盈利”时，假如你想的是差不多两年可以实现盈利的话，那么就直接回答“两年”。相反，如果从项目内容到市场调研等喋喋不休地陈述一遍，才在最后触及结论——“因此，我认为两年可盈利”，这样会让听者在听到最终结论之前就已经焦躁不已、坐立不安。

通过多次的预演练习，就可以掌握立即回答和从结论回答的习惯。从团队内部的会议开始，请全体员工都尝试用用该方法吧！

11 会立即回答和不会立即回答的区别

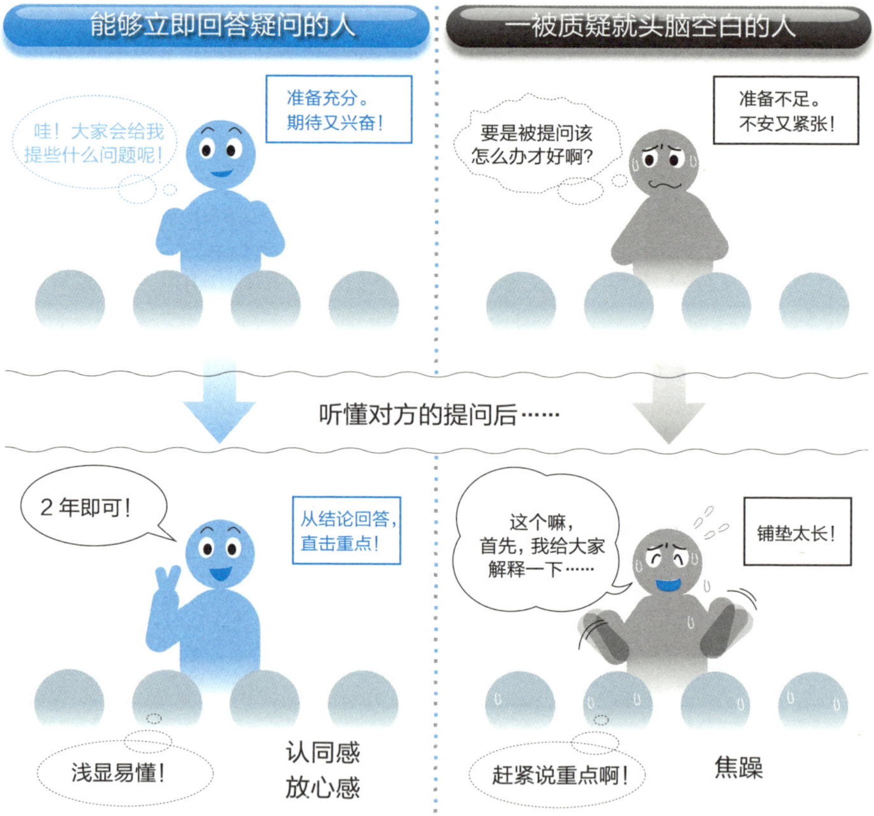

关键点 即使没有立即回答的能力和才华，只需做好准备，养成立即回答的习惯即可。

专题 1

为什么麦肯锡公司被誉为世界第一的管理咨询公司?

我服务了 14 年的麦肯锡公司常常被誉为“世界第一的咨询公司”。

为何能成为世界第一？归根结底是源于该公司的实力和业绩。如今，全世界一流的公司和企业几乎都是麦肯锡的客户，这些名优企业的管理层有很多也是麦肯锡公司出身的。还有很多像我一样，走出麦肯锡后开始自主创业。

麦肯锡管理咨询公司汇集了一万余名来自全世界的优秀人才。每一位员工都会就如何理论性地深入思考接受长期的、严格的训练，在源头上就具备了“提升出局”（不能成长进步的人就会直接被淘汰）的思考方法，因此即使已经很优秀的人才也始终在“不继续进步就会被淘汰”的压力下积极向前。即使创造过好成绩的员工，接下来搞砸了的话也将无法得到认可。

在这样的环境中想要生存下来并非易事，我供职于麦肯锡公司时也吃了不少苦头。最大的烦恼无疑是工作量巨大，以我刚进公司时的工作效率是无论如何也无法应付的。

怎样做才能提高工作的速度和效率呢?

通过深入思考并结合我多年的经验来看，最好的方法就是本书介绍的“A4 纸记录法”。在 A4 纸上不断记录的长期训练，让我的工作速度增快到最初的 3 ～ 5 倍。我现在依然在坚持 A4 纸记录的方法，今后的工作速度会更快，效率会更高。

“输出设想资料制作法”也诞生于我在麦肯锡公司工作的时代。

当时，我担任七八个项目的领导，必须在短时间内做出大量的资料成果。

把资料制作的任务交给常年合作的广告公司的相关负责人来做，提交上来的成果总是不能令人满意，挽回和补救常常会浪费更多的时间。为了不让这些时间白白浪费掉，也为了切实地促进员工的成长，经过长时间的实践，我创造了“输出设想资料制作法”。

关于矩阵模型，我在麦肯锡公司工作时第一次意识到

“与其记忆复杂的模型，不如学会灵活使用简单的模型”。事实上，在那之前我从未使用过矩阵模型来处理事务，由于前辈和领导已经开始运用各种各样处理事务的模型，以至于当时我也对这些模型充满向往。但是慢慢地我发现采用非常简单的模型所制作的报告更容易被采用和认可，因而总结出来“关于矩阵模型，与其知道得多，还不如能实际灵活运用最简单的模型”的观点。

人们往往是在不得不逼着自己快速成长的环境中才会想出新的工作方法，获得新的工作灵感。不仅是在麦肯锡，我认为“可持续的成长”对员工而言，在任何公司都至关重要。

第二章

领导积极正面地激励员工

12

始终给予积极的反馈

一、表扬不是纵容，它比责骂更能让员工进步

沟通的基础就是要始终给予对方积极的反馈。

所谓积极的反馈，一言以蔽之，就是正面肯定的话语。任何人都会因为被表扬和被感谢而打心眼里感到高兴。世上应该没有不喜欢被表扬的人吧。

一定有领导会认为“太过宠溺员工可不好。偶尔对其进行严肃的批评也应该是领导的责任啊”，但员工的工作热情是不会因为被批评而高涨的。只有真切地感受到自己在向着目标一步一步扎扎实实地不断靠近，“继续加油”，员工才会有向前奋斗的动力。

于是有的领导可能会认为“好吧，那我就满怀着关切之心批评他们可以吧”，但是在被批评者看来，满怀关切之心的批评也好，直接劈头盖脸的责骂也好，本质上并没有什么区别。

与其批评与责备，不如给予积极正面的反馈，让员工尽快地

成长起来，你的团队也能尽快地出成果。

二、即使是小事，成功了也要表扬，失败了就及时鼓励

虽说应该不经意地“给予员工正面的表扬”，但兴许还是有领导不太清楚具体应该在什么时候、在怎样的情况下表扬员工。接下来我按照不同的情况予以一一说明。

○ 提交优秀的成果时

在员工提交工作成果的时候，请你对其进行大力表扬。重要的是，只要是好的事情，不管事情多不起眼都要进行表扬。该员工的名字被客户记住了、在规定时间内完成了被托付的事情、把办公桌整理得干净整洁等，请千万不要犹豫，养成当场表扬的习惯吧。此外，表扬的时候，千万不要夹杂着类似“这样做的话应该结果会更好”的忠告，总之始终彻底地进行表扬就行了。

○ 成果不尽如人意时

“辛苦你了！”请对员工的努力充满感激地进行慰劳。因为员工此时也因没能做出好的成果感到非常抱歉，情绪低落。如果此时指责他“真的是什么都做不好啊”，员工本来反省的态度很容易会变成对领导的抵触心理。

○ 彻底失败时

不要责备员工，而是积极地鼓励他们："下次这样做的话就能更好地完成。"失败不全是员工的责任，把有可能会失败的工作交给员工并且疏于指导，领导也有责任。所以请尽量不要使用消极的、否定的语言批评员工。

积极的反馈不仅是领导和员工关系构建的基础，也是朋友、恋人、夫妻和父母孩子之间保持良好沟通的方法，请务必在各种关系和场合中多多使用。相信你和对方的心情都能更加积极、更加开朗，也许你的人生会因此而大不同！

12　给予积极反馈的铁律

关键点

给予积极的反馈，自己和对方都可变得积极正面、乐观开朗。

13

站在与员工对等的立场平等对话

一、谁也不会信服和追随妄自尊大的人

“为什么不按我的指令来做？！”

不自觉地勃然大怒、提高声调的瞬间，你和员工的信赖关系就已经土崩瓦解了。员工也可能会因此吓得发怵而消极不振，进而会因为抵触心理，拒绝与你构建良好的关系。

会有这样的结果是因为领导搞错了以下几件事情：

“领导比员工能力强，所以员工理所当然应该听领导的话。”

“员工是为了我而存在的。”

“员工就是不骂不开窍。”

“员工拿了工资，就应该做好分内的事。”

领导从公司领取更高的报酬，并被赋予了责任与权力，就会容易产生以上想法。

领导的立场确实是向员工发出指令，但是即便如此，在做人上而言，领导并非就一定优于员工。没有意识到这一点的领导，

就像是为了要确认自己的确比员工更优秀一样，容易遇事就不留情面地大声呵斥员工。即使领导责备的口吻有所掩饰，但批评人的态度如果被员工觉察出来了，也并无二致。因为员工也同样有人的感情。

“和这种领导还能好好相处吗？”

“我就要拖你后腿试试看。”

“和这种人多说无益。”

如果领导在员工眼中已是以上形象，那么领导和员工的信任关系就难以修复了，并且会对团队造成不良影响。

二、员工不是奴隶，是朝共同目标努力奋斗的重要伙伴

员工不是领导的私人物品，是朝共同目标一起努力奋斗的重要伙伴。员工遵照你的指令绝不是因为你很优秀，而是因为向员工发出指令是领导的工作，那么遵照指令执行就是员工的工作，这只是各自在业务上被赋予了不同的角色而已。

有的领导可能会认为与员工仅仅是在一起工作的关系罢了，不必太在意员工的想法。但是若始终以高压的态度对待员工的话，员工会很快向你关闭心门。我想任何人都不想与完全不考虑自己情绪的人一起工作吧。

因此，最重要的是把员工当作独立的个体、独立的人对待，充分尊重员工的想法。那么请试着从以下几点开始做起吧。

●试着就员工更了解的领域发问。

●坦率地承认自己的失误并真诚致歉。

●作为领导也要严格遵守工作场合的规则。

●将命令语“去做”调整为“请开始行动吧”。

●尝试热情地与员工打招呼。

●试着邀请员工一起吃午餐。

“我居然被领导平等地对待！”员工意识到这一点后，也会敞开心扉，试着去理解作为领导的你的指示，工作场合的气氛也将变得更融洽，效率和工作成果都会提高。

13 员工不会信服妄自尊大的“皇帝”领导

→ 员工自然而然愿意听命于领导

关键点 把员工当作独立的人以平等对待，员工自然而然就会听命于领导。

14

对出错的员工不要严厉训斥，应充分倾听对方的申诉

一、即使知道原因和解决办法，也不要打断员工的申诉

在员工出错和失败时，你是否曾不问青红皂白就劈头盖脸将其乱骂一通？

经验丰富的领导，在员工失误或失败时，很容易根据自己过去的经验去判断失败的原因，然后任性地打断员工即将陈述的解释，“反正无论如何就怪你没有提前确认好，一意孤行往前推进才导致了失败”，抢在员工解释之前就给事情下了定论。

一旦这样处理，员工必生厌烦之心，会认为你是一位“不会倾听员工心声的领导”。

请试着回想一下你还是新人的时候，在大多数场合，领导应该都是一种无比耀眼的、充满活力的、偶尔也让人有些恐惧的存在吧。现在你的员工也一样，在向你汇报自己的失误和搞砸的事情时，也会非常紧张，甚至有些恐惧地等待着你的反应。

有的领导可能会认为“已经一目了然的事情，再听他从头到尾讲一遍非常麻烦，也没有实际意义，简直就是浪费时间”，这样的心情可以理解。对领导而言，用心倾听员工的声音可能并没有太大的意义，但是，对员工的成长而言，这却是不可或缺的。如果能有所进步，员工也将尽力和领导愉快融洽地相处，因此请充分倾听员工的声音吧。

二、成为淡定从容的“倾听者”的技巧

充分倾听对方，这对有的人来说也许有点困难。兴许别人话说到一半他就坐不住了，心里痒痒地急于插话。但是此时请务必要忍住，试着努力听完员工想说的话。

在此，向大家列举几点成为良好的倾听者的技巧：

●请勿自认为“我已经听懂了”

员工想说的话才说了一半就急于打断并开始自说自话：“也就是这么一回事嘛，这样做就可以了嘛。”对话也会就此停止，但员工想说的话可能还没说出口呢。

●不慌不忙地倾听

即使员工说话拐弯抹角没有重点，也请不要急于催促他“抓紧时间，直接说结论”，而是不慌不忙地听他说完。这样做不只

是为了了解事件的内情，而且可以充分体会员工的心情和意图。这样一来，员工就能够切切实实地感受到“领导真的好关心我呀”“得到了领导的肯定”。这也将鼓励员工更加积极努力地投入工作中。

●等待员工情绪稳定

当员工内心动摇说出些让人不得要领的话时，首先要努力让员工的情绪冷静下来，亲切地告诉他“还有时间，你不要着急，慢慢说”。这时，员工便会更加从容地调整和讲述了。千万不要有看手表等动作。有人可能会认为“时间真的很紧张，怎么办呢”，那么在员工情绪稳定后，可以一边问他一些容易回答的问题，如“问题发生的时间”“问题的对象是谁”等，一边诱导其进入正题。

14　员工失败时的应对方法（正面例子和反面例子）

【反面例子】

不听员工的解释，一味严厉斥责

× 员工定会厌恶地认为：
“这是个不会倾听员工心声的领导。”

抢过员工的话头，
告诉员工自己已经知道原因

× 可能员工想说的话还没说出口。

【正面例子】

不慌不忙地听完员工想说的话

○员工可以感受到：
“原来领导是肯定我的。”

等待员工情绪稳定下来

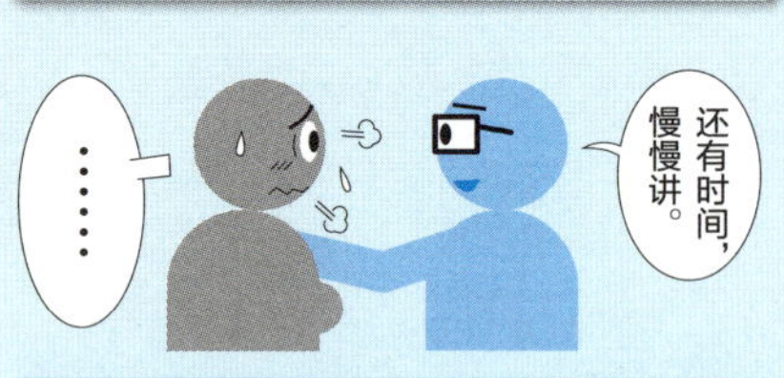

○从容易回答的问题开始询问，
然后慢慢进入正题。

关键点

通过倾听完员工想说的话，可以使员工有所成长。

15

不要急于打听员工的烦恼，静心等待直至其自愿倾诉

一、不能让领导看到自己的弱点，烦恼的员工会“死守”自己的心事

员工常常都很烦恼，在团队里的人际关系不佳、被自己负责的客户严厉批评、工作技能不佳拖了团队后腿等，可以说每个员工都有烦恼，无忧无虑的人是不存在的。

即便你察觉到了员工的烦恼，但喋喋不休地问“你没事吧”“你有什么烦心事吗”……这样做是不好的，也许你认为这是善意的行动，但很多时候反而会产生不良效果。

在员工看来，领导是掌握着自己职业命运的存在，向领导暴露自己的弱点多少有些风险。“跟领导谈自己的烦恼什么的，他应该就会给我一个差评吧”，这样的担忧往往让员工对自己的领导三缄其口。领导越是执拗地追问，员工的戒备心就越强，最终嘴巴就像贝壳一样紧闭起来。

有的领导会邀请员工去酒吧，“没事没事，我们喝酒！有想说的事情就随便说吧，我也不是外人”，借着酒劲向员工打听心事。这样的做法也是不可取的，不仅会被员工误解为根本不想好好地跟他面对面真诚谈话，而且“喝酒谈心”这种方式早已不合时代潮流了。

因此我建议“员工想说的时候再向其询问”。也许你会认为这样的处理方式有点冷漠，但这种姿态无疑是最好的应对方法。

二、人人都恐惧“说出真心话”，调动员工说出烦恼的技巧

最好是等员工想讲的时候再向其询问，但是只一直等待的话，事态恐怕会进一步恶化，最后员工辞职的话那真的是得不偿失。因此，创造一个有利于员工袒露心声的环境也是领导的重要责任之一。我试着整理了领导日常应该特别注意的几个关键点：

○确保交流沟通的私密性

任何时候都给予积极的反馈，尤其注意平等地与对方沟通，渐渐地员工就会向你敞开心扉。“我自己在做新人的时候，也和自己的领导这样谈过一次”，可以这样与员工分享自己的经验，让员工看到自己是做好了充分的准备要诚心帮助他的。

○和团队的每位成员定期谈话

如果刻意安排时间与员工聊人生、聊烦恼，“有点忙，不好意思啊”“被周围的同事看见就不好了”等，员工可能会因为以上原因而拒绝。因此，可以以业务信息共享等为理由，哪怕一小会儿也可以，平时就习惯性地设定好一段与每位员工单独面谈的时间。

○倾听员工本人之外的声音

对领导难以启齿的事情有时对同事反而容易说出口。因此，最早能够发现员工烦恼迹象的人就是他身边的同事。所以平时请多多留心员工之间的对话，以尽早察知员工所面临的烦恼和问题。

虽然有些麻烦，但持续关怀员工很重要。一旦员工决定向你敞开心扉倾诉烦恼，请你务必扮演好倾听者的角色，不要中途打断，要让其聊完心事。

15　烦恼的员工紧闭心门时

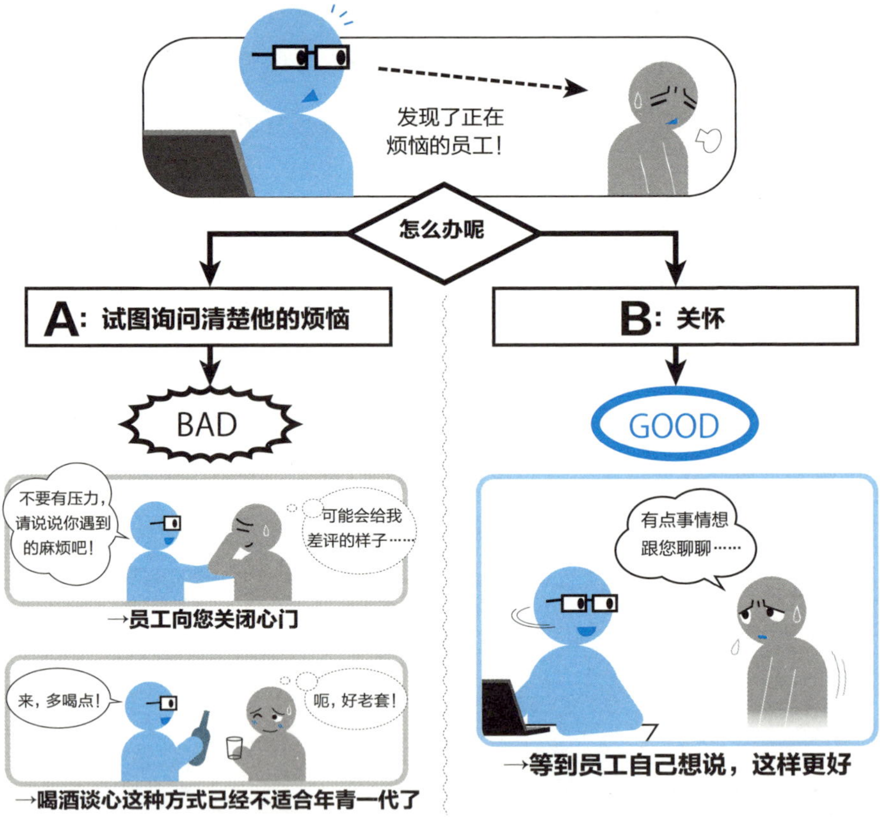

关键点 强人所难地一味打听员工的烦恼事，终将让员工紧闭心门。

16

面对新员工，要悉心询问清楚此前其从事工作的具体内容

一、尺有所短寸有所长，应从各个角度分析员工

在新成员加入团队时，领导应该做的第一件事情就是前章所述的做“业绩·发展目标同意书”。

但是，仅仅做这一件事情，工作是不可能进展顺利的。因为如果没有合理的目标设定和工作分配，员工是无法充分发挥其本来具备的能力和优点的。

例如，曾经在方案设计方面成绩突出的 A 员工新加入了你的团队。“A 的工作能力很强，没问题的！”你从 A 员工以前的领导那里简单地得知了他的情况，因而也就放心地将新项目的方案设计交给了 A。但是，待到方案揭晓时，你才发现数据分析非常不严谨，项目的可行性让人存疑。

“A 真的是工作能力强的员工吗？难道他没用心？”

A 并非没有全力以赴。实际上他是一直不擅长做数据分析，

在以前的部门，数据分析的工作也都是交给其他同事做的。但是，作为新领导，你还没有掌握这个信息，你一心坚信只要是和方案设计相关的工作 A 都可以胜任，于是便一股脑儿地全交给 A 来做了。

在同样的职位上，并非“能人就什么都会，能力欠佳的人就什么都不会”。

同样在销售岗位上，有的人擅长开发新客户，有的人擅长维护老客户。因此，新加入的员工，他究竟是适合做客户开发还是内务支持，是擅长应付大企业客户还是中小企业客户，曾经是主要销售高价商品还是普通商品……领导对其在工作中的特长要从各个角度全面分析和考察。

二、尝试侧面调查，把握新员工与前领导工作方式的关联性

不仅要分析新员工本人的特点，把握其与前领导工作方式的关联性也很重要。即便是在同一家公司，部门变了、领导变了的话，员工的工作推进方法和人际关系的处理方式也会发生变化。

但是新调入你部门的员工由于不了解情况，如果没人告诉他应该怎么做的话，他还是会按照在之前部门的工作风格继续开展工作。为了不引起分歧，有必要从侧面调查其与前领导是用何种方式在推进工作。例如，可以详细确认以下事项：

●报告进度的频率

●报告书的形式和页数

●做成报告书所花费的时间

●个人发展目标的设定方法

●麻烦发生时的报告顺序

只要你觉得有必要，不管多小的细节都请尽量询问清楚。正因为工作过程中有一些微小的区别，才导致新员工思考过多，造成工作效率低下。

当你调动到其他部门成为该部门的新领导时，请一定向前任领导和全体员工多多打听和多做调查。

16 从一开始就了解新进员工的工作方法

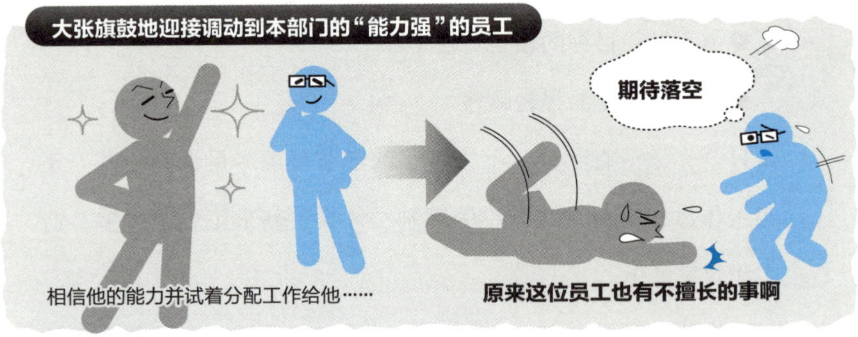

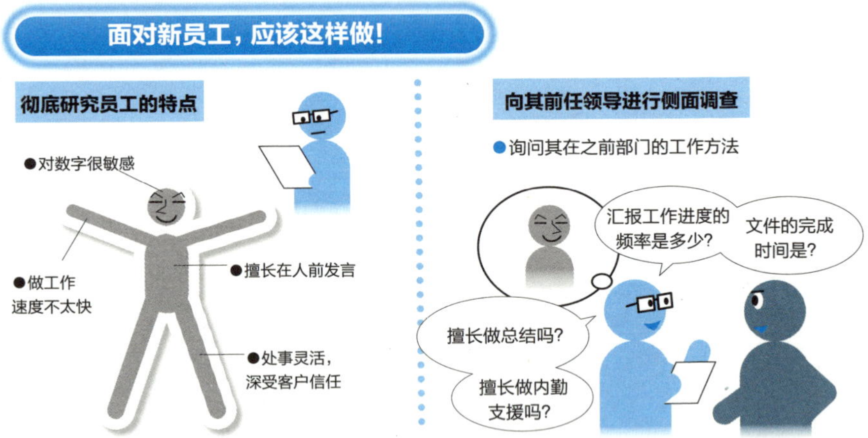

关键点 新员工加入团队时，请详细了解并掌握其特点，以及在前一部门时的工作方式等。

17

视所有员工为“可良好沟通的员工”，并以此为前提进行接触

一、不能只顾自己舒坦，袒护员工将置团队于危险之中

对领导而言，与员工有良好的沟通和对接，是一件让人心情愉悦的事情。不管是你的闲谈还是建言，这样的员工都会眼神放光似的聆听，在对未来的期许上也将与你感同身受；如果邀请他一起喝酒，他也必定会陪你一直喝到最后。这样的员工让人怎么看怎么喜欢，不知不觉中就会渐渐袒护起他来。但是，当你被这样的诱惑所攻陷时，也正是你的领导能力和水平受到质疑的时候。

如果你在工作中只与这位好沟通的员工进行深入交流的话，其他的员工难免就会想“无论如何，反正这领导压根儿就没打算给我好评嘛”，继而消极怠工。

领导失去员工信任的那一瞬间，就是员工决定改变工作态度的时刻。与讨自己喜欢的员工在一起时，你不知不觉就忘我了，甚至忘了其他员工的存在。如果仅以你自己舒服与否作为判断沟

通是否良好的标准的话，就大大地增加了团队内部分裂的风险。事实上，身边有好沟通的员工时，更应该要格外小心。

好沟通的员工是否是与你真正投机的人，应该对此有所保留。毕竟与员工年龄差距太大时，所谓的好沟通大多只不过是员工在有意附和而已。

二、发现有好沟通的员工时，请格外注意与员工的接触方式

有特别好沟通和好打交道的员工出现时，从某种意义而言，也发出了交流沟通将有危险的暗号。“既能做到及时回复，又能虚心听取领导的建议，真是个好员工啊！”此时，你可不能安心地高枕无忧哦。当你发现某位员工特别“好沟通”时，请务必注意以下几件事情：

○时常反思自己的态度是否一视同仁

只带自己偏爱的员工去喝酒、特别亲近地跟他寒暄等，这些偏袒行为应该改掉。如果带某位员工一起去吃饭了，就应该专门找个机会带其他的员工吃顿饭，尽量注意公平地处理与每个人的关系。

○要意识到自己与员工价值观上的差异

成长的时代和环境不同，价值观通常也是不同的。不管你的

工作观和人生观有多卓越，可能也完全无法影响到和你出生于不同时代的员工。未来，可能会有越来越多在国外长大的、价值观完全相异的员工加入你的团队。向员工强行灌输领导的价值观，这将给员工带来巨大的负担，因此最好的做法是主动询问员工“你认为最理想的工作方式是什么”，真诚地了解每一位员工的价值观。

○注意员工回话的间隙和表情

处事圆滑、应对有方的某些员工可能会为了获得好评而隐藏本心。他们平时对领导安排的工作，不管何时都“好的，没问题”，干劲十足地应承下来；但是如果他的回复稍有迟疑，那么可能意味着他对被安排的工作不怎么感兴趣。

17　好沟通的员工也有“内心的另一面”

有一位很好沟通的员工，事实上……

检查！

☐ 自己的态度是否一视同仁了

有时候在别的员工看起来，自己似乎在偏袒某位员工。

☐ 是否意识到自己与员工价值观上的差异

实际上可能只是员工在迎合领导的发言……

☐ 注意在回复的间隙，员工的表情有没有不自然

有时候回复“好的”，可能并非真实想法……

关键点 自己感觉愉快的交流可能潜藏着风险。

18

擅长用矩阵模型将所有员工进行分类

一、即使是不太讨人喜欢的员工，也要有意识地进行沟通

虽说员工没法选择自己会跟着怎样的领导，实际上领导也一样无法选择自己将带领怎样的员工。如果领导任性独断地频繁更换自己的团队成员，那么会给现有的员工带来很大的不安定感，“说不定下一个被开掉的就是我吧”，此外，还会让员工怀疑领导的管理能力。

作为职场人，要对自己不太喜欢的对象也做到良好沟通、灵活应对，领导更应具备这种素质。所谓不讨人喜欢的员工，不仅仅是因为性格不讨人喜欢，也可能由于其本身工作能力不足。明明就想更多地提醒他，但领导又担心“这样直截了当地提醒他，也许会导致他想太多而情绪更加低落”。面对这样的员工，很多领导常常难以应对。

虽然领导必须对每位员工都一视同仁，但这应该是在充分了解自己和每位员工之后才能做到的。面对不太讨喜的员工，必须

打起精神，有意识地、更加谨慎地进行接触。

二、通过矩阵模型分类，筛选出不讨喜的员工

应对不讨喜的员工，最有效的方法就是用前面介绍过的矩阵模型对员工进行分类。在前章中应用的是“2×2 模型”，这里我们采用“3×3 模型”。

首先定好纵轴和横轴。与员工的接触方式会根据员工的能力高低、沟通的难易程度而有所不同，因此将纵轴设定为“员工的能力”，将横轴设定为“沟通的难易度”。

接下来，将纵轴和横轴分别分为三段：将“员工的能力”分为“强”“一般”“弱”三段；将“沟通的难易度”分为“容易”“一般”“困难”三段。

假设共有员工 6 人，分别将 6 人放入不同的模块中。

A. 工作能力很强但是太过自负

→放入左上模块中

B. 工作很少出错但是比较消极，少言寡语

→放入左中模块中

C. 需要随时盯着，自来熟

→放入右下模块中

D. 气氛调节者，凡事都应对自如

→放入正中模块中

E. 只会抱怨他人，自己却难出成绩

→放入左下模块中

F. 任何业务都可放心交付于他

→放入右上模块中

应该特别留意的员工是哪一位，就一目了然了。领导必须要特别留意接触的就是左下模块中的员工 E。

如果不做这样的分类，领导只能不清不楚地与员工接触，只会导致双方互生厌恶。如果将其进行可视化整理，便可以集中精力去思考如何与这位员工进行良好的接触和沟通。员工人数较多时，这样的矩阵模型将大有用处。

18　将员工的特性整理分类后，可找到恰当的接触方法

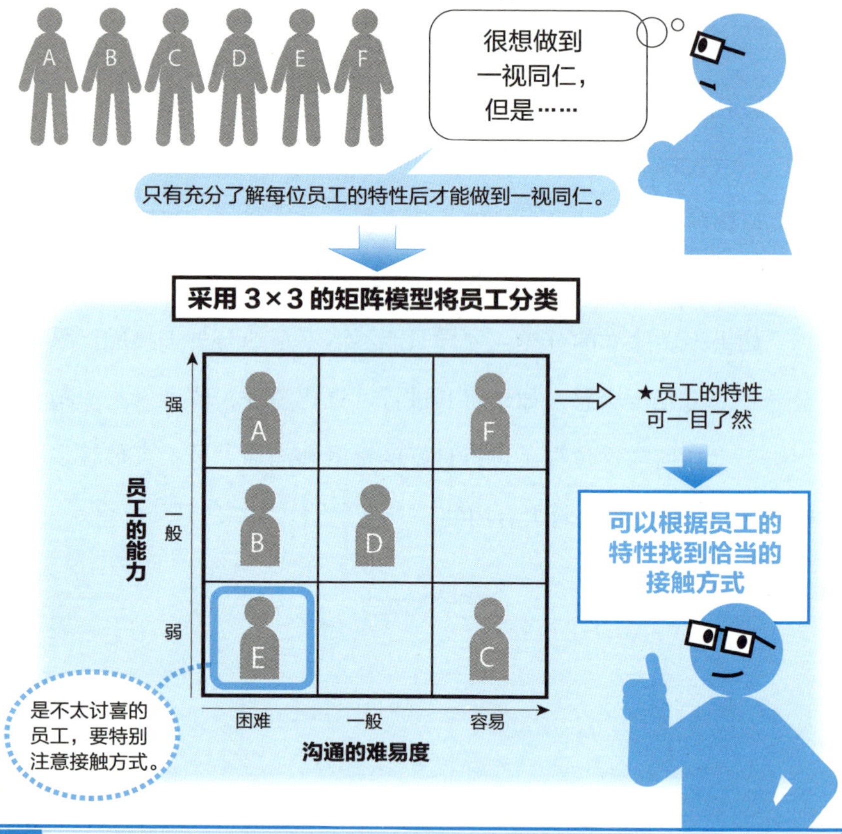

关键点　不要将"虽然不清楚，但总觉得……"之类的话挂嘴边，而要进行可视化的整理。

19

不要向员工隐藏信息，应尽量做到信息公开与共享

一、领导力不是“独享信息”

要打造具有突破创造力的团队，最重要的手段之一就是“共享信息”。但是，很多无能的领导往往错误地认为“领导地位和权威的源泉正是在于比员工掌握更多的信息”，因此，故意给员工有限的信息以守护自己的有利地位。这实在是不明智的做法。

首先，限制信息将导致生产力的低下。例如，一个团队正在同时推进不同平台手机 APP 的设计开发工作，如果领导疏于信息共享，那么不同平台的设计负责人将在完全不了解另一组开发现状的情况下推进自己的工作。结果有可能导致设计出的两种 APP 程序并没有显著的差异，而修正设计又将浪费大量的时间。

其次，限制信息共享也可能会剥夺员工的发展机会。如果能够与员工共享公司领导层的方针、其他部门的动向、业界的发展趋势等信息，员工也就能够从全局视角和经营者的视角来思考工作。

最后，限制信息将引起闭塞感的蔓延，导致员工的工作动力不足。

二、应将掌握的信息“大致全部”共享

那么，领导应该共享多少自己所掌握的信息呢？

答案是“大致全部”共享。

除了人事变动、报酬、晋升、降级等人事信息不应该进行共享之外，其他的与项目相关的信息不管多小都应该与员工共享。认为“那个员工还是新手，让他知道这个信息还太早了”等想法完全没有必要。就连自己的出差计划、项目相关的新闻报道等，也都要传达给全体团队成员。

如果打好了信息共享的基础，接下来就是全面深入地指导团队全体成员做到并做好信息共享。一般来说，刚开始员工可能无法认识到信息共享的价值和重要性。因此要不厌其烦地进行指导，并且将信息共享上升为团队的行动规范，否则共享一事恐将不了了之。

指导员工信息共享有如下注意事项：

●具体规定信息共享的频率和时间节点。

●“有力地促进团队内部的团结协作”“可以规避掉一些突

发的麻烦”，等等。将你所体验过的信息共享的具体好处传达给员工。

●作为领导，你总结好某项目中应该共享的所有信息，并将信息共享给项目负责人，由项目负责人再将信息分享给团队成员。

●每当团队成员对你分享了信息，都要对其做出回应，并向分享者表达谢意。

●如果团队中有成员擅长信息共享，就鼓励该员工率先将信息发布出去。

●每当团队成员向大家分享了信息，都应给予积极的反馈。不擅长共享的员工做到了分享信息时，要特别表扬。

19 如何做到在团队全体成员中实现信息共享

关键点 不仅领导要做到信息共享，也要鼓励员工都积极分享信息。

专题 2

避免非正常的交往

第二章以积极的反馈开篇，详细讲述了与他人沟通交流的相关技巧。在工作中，与任何对象都能建立起良好的人际关系，可以说是社会人的基础。

但是世间总有一些人，不管你多么努力，也无法做到与他顺利沟通。

仅凭自己先入为主的观念，从一开始就认为“我跟他合不来”而避免与这些人打交道，这是不好的。想了很多办法还是沟通不畅时，很容易就会极力地避开这个人。只有避开他，才能尽量做到不互相厌弃。因此和毫不投机的人共事时，呈现出的仅仅是一种克制自己的表演而已。

如果仅仅是双方不投缘也就罢了，真正让你痛苦的，其实是心怀恶意的人和打心眼里看不起你的人。

将他自己犯的错误推到你头上并严厉指责，丝毫不考虑你是否方便而擅自决定你的行程，满嘴谎话或到处说坏话，任何事情都吹毛求疵，麻烦事都推给你做，超越商务的立场站在人格的制高点上对你指指点点，抢夺你的功劳……

面对这样的对象，不是要“极力地避开”，我建议你要“尽全力地避开”。所谓“尽全力”，具体而言就是采取以下行动，一言以蔽之就是“逃开”吧。

○与这种人在同一公司时

为了不和这种人产生任何瓜葛，申请调换岗位吧。只要和这种人有所关联，你的能力就无法得以充分发挥。

如果被告知无法调换岗位，那就请考虑辞职换工作吧。继续留在公司，你是无法有真正的幸福感的。

○客户中有这种人时

有的人以客户自居，妄自尊大，总提些无理的要求。面对这样的客户，除了与他终止合作也是别无他法的。任何人都无法忍受与否定他人人格的人做生意。与其在这些人身上劳神费心，不如将心力用到与其他更多的正常人建立商业合作关系上。

虽然尽全力避开这种人是别无他法时的最后一步，但一旦决定就无须犹豫，过多地思前想后仅仅是浪费时间而已。

从压力中解放出来，你会更有工作动力，工作效率也会大大提高。与此前相比，幸福感不可同日而语。

第三章

领导要让员工有所成长

20

激发员工的自我发展欲望

一、员工成长后，领导将轻松不少

培养员工是领导的责任。

或许你会认为“栽培员工的效果并不能立竿见影，这太麻烦了”，但是从中长期考虑，这将是有百利而无一害的事。通过员工的成长进步，团队可以创造出更加辉煌的工作业绩。

其次，在员工成长起来后，领导可以放心地将以前必须亲力亲为的事情交付给员工去执行，领导自己也将轻松不少，且能有足够的时间和精力去推进新的工作和项目。

栽培员工的关键在于要唤醒员工内心里“我想要进步”“我也想试着做一下”的欲望。

但是，员工的发展欲望本来就是因人而异的，有的人“希望自己越来越进步，想要创造出超越以前的业绩和成果”，有的人认为“保持现状就挺好的”；并且人在自己喜欢的事情上，就很容易有向上的动力，在自己不喜欢的工作上，就会没有斗志。

对渴望进步的员工来说，那些安于现状的同事的存在是一种妨碍。个人发展欲望的差异会导致团队内部的混乱，因此领导有必要采取一些行动来防止出现这样的混乱。

二、与员工站在同一立场，唤醒其内心“想要进步”的欲望

接下来将介绍几种能有效刺激员工自我发展欲望的方法。

○倾听员工的梦想，并全力支持

倾听员工对未来的规划，并全力支持其实现梦想。如果有员工想将来到海外工作，那么就帮他向在海外分公司工作的同事多多打听；如果有员工对企业经营感兴趣，那么下次与客户单位的领导会晤时可邀请该员工一起参加。让员工能真实地感受到他所规划的蓝图并不遥远，就可以相对容易地激发起员工为实现梦想而采取行动的动力，并不断努力地提高自己。

○倾听员工的烦恼，成为好的理解者

出了问题时，如果领导能够解决的话，直接去解决就可以了。然而问题虽然解决了，但员工因为犯了错内心还是会有些无法言说的烦恼。在这种情况下，只要有理解员工的心情就足够了。因为你的理解，员工卸下包袱后也能够重新将精力集中到工作上来。

○主动分享自己做员工时的烦恼

处在烦恼中的人容易极端地认为全世界似乎只有自己最不顺。请你主动向员工讲讲自己做员工时的那些烦心事，员工听后会感到“原来这位领导也曾经历了这么多烦恼啊”，从而心情也会变得放松起来。

○努力做一位让人钦慕的领导

员工常常会和不同部门的员工交流信息。如果能从其他部门的员工口中说出“哇，你很幸运了，你们领导多好说话啊”，那么你的员工一定会更加坚定“看来我在这个团队中要好好加油啊”的决心。

“我以前是普通员工的时候常想，有这样的领导，我自己也得要好好加油才行！”向员工分享自己曾经的经历，特别注意要与员工站在同一立场思考问题。

20 激发员工谋求个人进步欲望的良策

关键点 对个人发展的追求因人而异，领导要进行恰当的刺激和唤醒。

21

制订并执行与员工的技能、价值观、性格相匹配的培养计划

一、尊重个性，发挥长处

日本的棒球选手看起来几乎都是一样的投球和击球姿势。但是，看看美国职棒大联盟比赛，就能发现很多选手的投击球方式都个性十足。

很多人认为这样的差异源自日本和美国的棒球指导方法不同。日本的典型指导方法就是，向选手强力灌输基本忠实于教科书的投击球姿势，要求选手依样画葫芦地执行。稍稍有点变化的、比较独特的姿势都被视作坏习惯，多数时候会被教练要求改正过来。

相反，美式棒球教练在充分尊重选手个性的基础上进行栽培训练。选手的独特姿势不仅不会被要求矫正，还会将其视为个性、作为长处而进行大力培养。

这样的现象不仅限于棒球领域。用同一种方法按照相同的模型培养所有的人，这种日本式的培养方法在日本职场的员工教育

中也屡见不鲜。

在大家做同样的事情也能出成果的经济高速增长期，这样的培养方式可能还有市场。但今时不同往日，如果不能了解每位员工的个性并充分发挥他们的长处，员工是不会真正服从的。

二、在培养方法上没有金科玉律，性格不同栽培方式也不同

每个人都有自己的个性。大家心里都很清楚这一点，但很多时候还是会将这理所当然的事情抛到脑后。“当有了员工的时候”更是如此。

在员工中，有会到你跟前积极建言献策的人，也有虽有好点子但不太善于表达的人；有擅长数据录入的人，也有完全不会的人；有擅长整理资料的人，也有不擅长的人；有打招呼声音很大的人，也有声音小且内向的人；有休息日选择外出游玩的人，也有静下心来学习的人；有脾气暴躁的人，也有异常冷静的人。

员工性格各异，将这样的 A 先生、B 先生、C 小姐等都统一概括为“我的员工”，这完全没有考量到每位员工的个性。这类领导在培养员工时，很容易依循所谓的“金科玉律”。

提升工作的技巧中有类似数学训练的部分，如果把所有的题让每个人提前按照标准答案做一遍，那么考试中大家至少可以拿

到及格分数，这样就行了。但工作中却不完全是这样的，员工常常必须在没有标准答案的情况下进行判断、持续地解答遇到的难题。即使对全体员工都采用同样的方法进行培养，结果依然会自动分化为有进步的员工和毫无长进的员工两类。最终员工之间的能力差距将被凸显出来。但不管能力强的员工还是能力欠佳的员工，如果不能持续进步，那么再留在公司继续工作也毫无意义。

因此，第一步请运用在前章中所介绍过的矩阵模型，把握每位员工的特点。在此基础上，用心制订与每位员工的技能、价值观、性格相匹配的培养计划。团队成员不过几人，只需制订几份匹配的计划而已，所以请领导一定改掉“统一这样培养就行了”的固有观念。

21　在员工培养上没有"金科玉律"

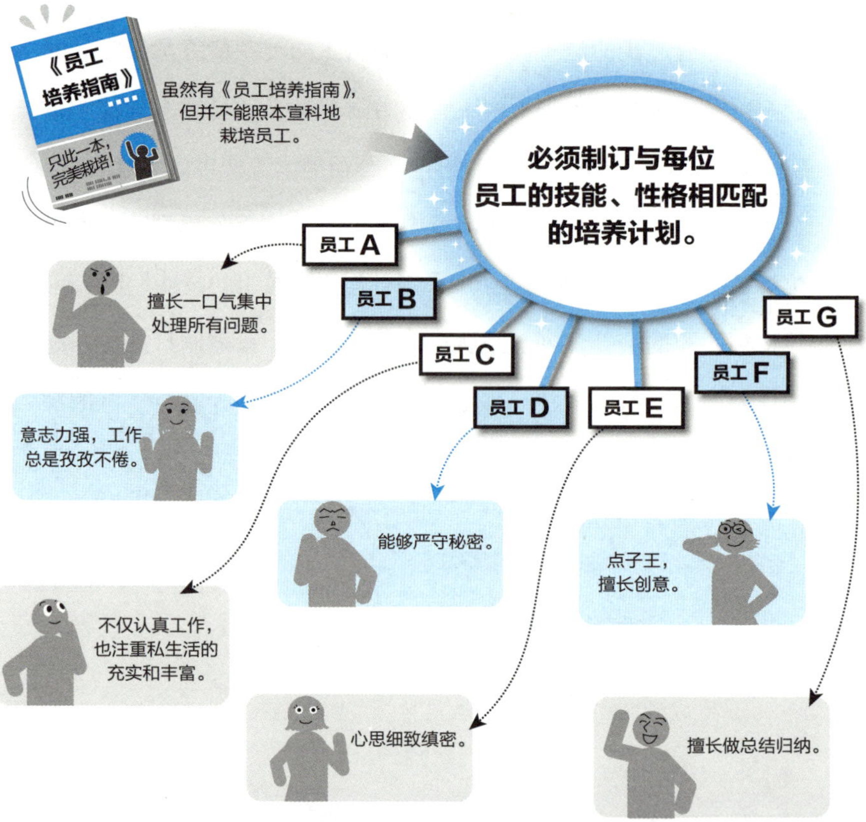

关键点 **制订并执行与每位员工的技能、价值观、性格相匹配的培养计划。**

22

治愈“能力欠佳员工”的创伤，让其积累微小的成功体验

一、产生心理创伤，失败无限循环

若有工作能力欠佳的员工加入了自己的团队，你会怎样应对处理呢?

有的领导可能会认为这样的员工根本派不上用场，就只让其处理杂务；有的领导可能会不给其任何具体工作，只让其他的员工照顾好他；还有的领导可能会对其进行强权骚扰，并将其清理出自己的团队。当然，与之相对，也有的领导会负起责任，从零开始培养这样的员工。

对能力欠佳的员工，是应该放弃，还是应该帮助？在决定之前，希望你能先做一件事，那就是深入思考一下“为何这位员工的能力会欠佳呢”。

刚从学校毕业走入职场时，人人都是不懂工作技巧的。个人资质虽稍有差异，但大家都是从同一起跑线出发的。但是，几个月、

几年之后，即使是同一批参加工作的人，实力的差距也会凸显出来。

什么原因导致了员工的能力不足？正是由于在事业发展过程中，员工遭遇了某些阻碍自己成长进步的事情。

由于自己的失误给同事造成困扰；在大家面前被领导批评“这点小事都不会吗”；工作业绩被后辈赶超；做出了成绩却没有得到相应的认可；等等。

以上经历都会给员工造成心理创伤，进而无法更好地推进工作。工作进展不顺利，负面情绪会更重，继而导致心理创伤越来越严重。经验不足的员工是很难凭一己之力扭转这种负面的连锁效应的。

二、成功体验才能帮助员工慢慢重拾自信

工作能力欠佳的员工大多数都有心理创伤。请你首先要静下心来慢慢倾听他的心里话，帮助其治愈内心的创伤。

但是也没有必要勉强对方向你敞开心扉，因为人本能都是反感将自己的伤疤揭示给别人看的。在他愿意自己说出来之前，请静心等待。

员工如果什么也不愿意说的话，那么请你帮助其逐渐累积一些微小的成功体验吧。这样一来，员工的创伤会慢慢消减，可以

渐渐地从成功的体验中重拾自信。

最重要的是让员工重新相信“我可以做到的”，所以最开始帮助其积累成功体验时，请一定选择他确确实实能够做到的事情。

请他就部门的业务改善提提建议；请他担任送别会的组织者；让他负责会议纪要等。

在此基础上再慢慢地交付一些为拓展客户群而做的调查和资料整理等工作，让他参与到这些实践性强的工作中来。待其渐渐有了自信后，再交付宣传推广和销售等外向型的工作。

一旦再次失败，将造成新的创伤，因此你必须细致地监督其做好充分的事前准备和进度汇报。有必要时，多加支持和帮助。

最关键的是：①不让他再失败；②消除他内心的疑虑，尽量让其凭借自己的力量去获取成功；③如果他看上去很不安，请给予指导和帮助。

22 “能力欠佳的员工”大多有过创伤

帮助其累积微小的成功体验

注意点

①不让他再失败。

②消除他内心的疑虑，尽量让其凭借自己的力量去获取成功。

③如果他看上去很不安，请给予指导和帮助。

让员工重新相信“我可以做到的”。

关键点 帮助员工从微小的成功体验中渐渐重拾自信。

23

为“能力强的员工”设定较高的工作目标，避免其成为“天狗”①

一、能力强的员工若得意忘形，将会对团队造成困扰

能力较强的员工，就算领导放手不管，也能按自己的方式做出让人满意的成果。这对想要一心一意钻研自己手上工作的领导来说，正是求之不得的。

但是，对团队而言，能力强的员工却不一定能起到加分作用。被周围的人捧得飘飘然之后，就会变得过于自信，认为“我真的很强”，最终变成“天狗”，这样的例子屡见不鲜。

受到表扬就会高兴，人性如此，可以理解。但是一旦变成“天狗”就再也无法恢复到最初的心态，这太糟糕了。看不起同事，也不听你的指挥，认为“这个部门都是由我在撑着”，态度傲慢，这让周围的人困扰不已。

① 这里指自夸、自负、骄傲的人。

在员工变成这样之前，作为部门的领导，你必须要切实采取一些方法避免这种现象的发生。

如果从员工的发言和行动察觉到他似乎有成为“天狗”的苗头，请你当场就直接指出。如果放任不管的话，不仅团队的其他成员，就连这位员工本人也都将陷入大麻烦中。

得意忘形的人往往是听不进去别人的意见的。如此这般，不管是才华多么出众的人，也难成为一流精英，只会止步于二流水平。

二、恰当的指导能让员工有突飞猛进的成长

能力较强的员工，只要一有机会就能通过锻炼实现自我成长。能够促进能力较强员工进步的秘诀如下：

○不要心胸狭隘

有的领导自认为“员工能力太强，就会弱化自己的存在感”，从而心胸越来越狭隘，总是一味地对其进行否定——“这也不是什么了不起的成绩啊”“唉，原以为你应该做得更好的”，这样一来，员工自然慢慢就没有了干劲。这样的发言不仅会阻碍员工的成长，旁人看来也会觉得你不太体面。

○给予恰到好处的建议

恰到好处的建议能让员工突飞猛进。所谓恰到好处的建议是

指从员工不具备或者忽略的视点出发，阐述自己的看法，给予员工意见和建议。

能力较强的员工由于总能持续取得成功，很少失败，所以其看问题的视野容易狭窄。通过领导的提点，员工可以从全新的角度思考问题，工作成效和质量都将大大提高，还能因此而掌握更多处理突发事件的应变技巧。

○提高工作目标

加速员工成长的最有效和最易操作的方法就是提高工作的目标高度。将最优秀的员工派往海外，使其置身于水平更高、竞争更残酷的国际市场，可以使其实现更大的成长和进步。

商务人士也能通过提高工作的难度来实现自身的成长和进步。这样就没有闲暇去得意忘形了。

○给他安排员工

给能力强的员工安排下属和后辈，也是非常有效的方法。关于这一点，下一节中我将详细介绍。

23　能够遏制“天狗”员工的只有领导

关键点

有能力的员工能在领导恰当的指导下飞速成长。

24

让"能力强的员工"尽早拥有下属和后辈，使其积累做领导的经验

一、理解领导的立场，紧要关头可以代理领导主持工作

假设你由于晋升、部门变动或换工作等原因，即将离开原团队，此时，如果没有合适的人来填补你的空位，留在团队中的成员肯定会陷入群龙无首的混乱中。

或许大家首先会想到从团队中找一位最优秀的员工来代替自己的位置。但是，暂且不说一流的员工是否就一定是一位优秀的领导，即使是一位工作毫无差池的员工，突然让他作为领导来带领团队工作也是很难做到的。做员工的工作能力和做领导的用人能力完全是两回事。

因此，要尽早为能力强的员工配备下属和后辈，把其作为你的继任者进行培养。这不仅是为了这位员工的未来发展，也是为了在你突然因病请假或者工作推进中必须转移精力着手另一个项目时，可以让该员工代你担任团队的临时负责人。

能力强的员工有了自己的下属和后辈后，可以深切地了解到自己从前不太清楚的、作为领导的工作内容和艰辛。站在更高一级的位置上，知晓管理人的困难、团队出成绩的不易，能够让能力强的员工从更广阔的视角更好地开展工作。

此外，如果由优秀员工代领导开展工作，那领导本人就可以有精力去尝试全新的工作内容。培养继任者不仅能让员工成长进步，也可以促进领导本人的发展。

二、把能力强的员工培养成自己的继任者

为了把能力强的员工培养成自己的继任者，具体要做些什么呢？在此我举三个关键点：

○把经验尚浅的员工交给他

经验尚浅的年轻员工很多工作都不会，这意味着“要做很多的培训和教育”。可以将这样的培训交付给能力强的员工，为其以后成为领导储备经验。

“想多做一点自己的工作，才不想把时间花在指导新人上”，能力强的员工可能会这样想。“这是为了不久的将来，你能顺利接任团队领导职位所必需的学习。”如果你能诚恳地向其说明缘由，他应该会热情饱满地投入新人培训中。

○培养多位继任者

集中精力培养一位继任者，这存在风险。如果这位员工中途退出了团队，就不得不另外寻找一位。

此外，还可能会意外地发现有其他员工更加适合从事管理工作。因此，可以按照“现在马上就可以接替自己的人”“1 年后的领导候补”“3 年后的领导候补”这样的顺序，提前确立多位继任者，确保工作衔接不出问题。

○不要勉强

自己的工作就已经忙不完的员工，就没必要强行给他安排下属和后辈了，等其时间充裕再考虑此事即可。

24 低调地早日培养继任者

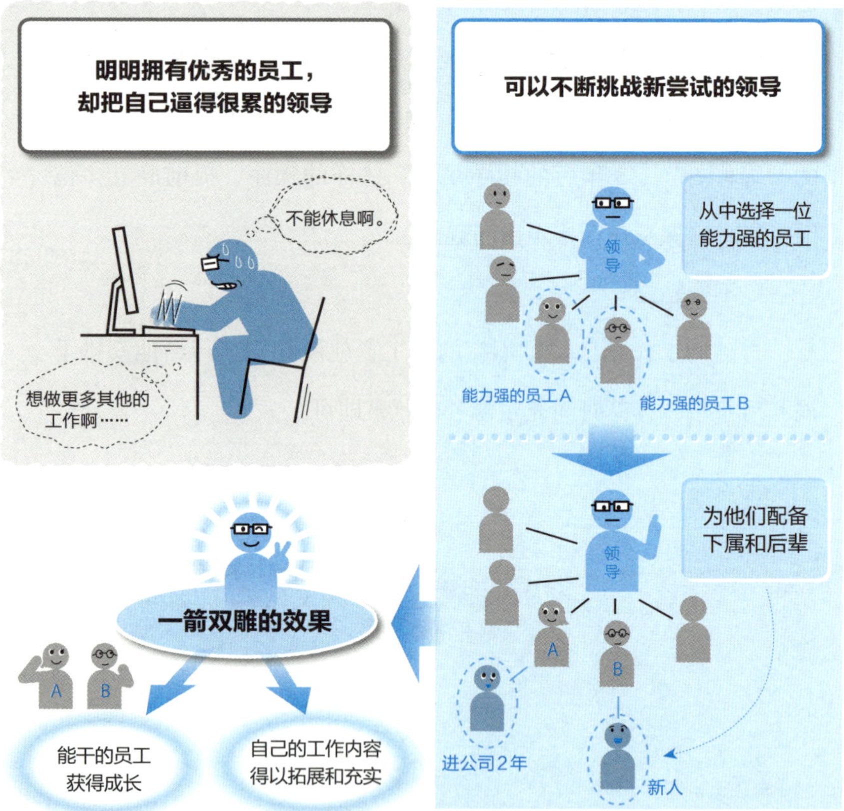

关键点 **给能力强的员工配备下属和后辈时，尽量选择配备新人。**

25

与其继续鼓励不如为其减轻负担，将员工从恶性循环中拯救出来

一、有时过多的鼓励反而会成为另一种压力

不管是谁，都有痛苦难熬的时候。承受着客户严苛的产品质量要求或快赶不上交货截止日期的压力、疲于处理各种麻烦问题而身心疲惫、被同事嫉妒而被孤立、想要挽回失误造成的损失却徒劳无功，等等。

如果遇到这些困境，能力再强的员工也会濒临崩溃。一旦被击垮了一次，想重新振作起来就非常困难了。这必须进行专业的心理咨询治疗，并且需要花费很长一段时间。

因此，一旦察知某位员工有这样的倾向，请你务必引起重视并重点关注。“他要是真的崩溃了就无法挽回了”，抱着这样的想法，抓紧时间及时处理。

只是，此时请你不要一味对其进行鼓励。鼓励有时候会让其状态好转，但这仅限于事态还没有发展到很严重时。如果员工已

经濒临崩溃，领导的鼓励更多的是会给员工带来额外的压力。不要抱希望于用几句鼓励就能解决这个问题，而是应该好好思考具体的处理方法。

二、领导帮员工分担工作，为其减轻负担

员工濒临崩溃的原因，大致为如下两点：

①知道自己应该做什么，但工作量太大，超出了能力上限。

②陷入恶性循环中，因而手足无措，不知如何是好。

若是①这种情况，应该直接为其减少工作任务量。

如果工作量过多，那么就分摊给团队其他成员一起完成，或者领导本人也主动承担一部分工作。如果成果交付日期就在眼前，那么领导也加入一起帮忙，或者主动站出来与客户商量延长交付日期。如果因为团队内部的人际关系问题而精神疲惫，那么就开除掉那个在团队关系中起负面作用的成员。

如果通过以上具体的处理措施帮助员工减轻了负担，那么员工基本可以恢复元气。

若是②这种情况，由于员工已经丧失了独立判断的能力，所以请你明确地告诉他具体的解决方法。

如果你太过尊重员工的自主性而委婉地建言献策，不仅不能

真实直接地传达你的心意和建议，还有可能会给员工造成另外的烦恼。因此，你最好直接介入，帮其进行全面的梳理。

要说究竟为何会造成当前的局面，正是因为领导没有准确把握促进员工工作的方法。如果采用在第一章中所介绍过的“输出设想法”指导资料制作，那么员工就不会因工作的流程而感到困惑，应该就能避免濒临崩溃的局面。

如果员工陷入恶性循环中彻底崩溃的话，项目本身也将崩溃，最终给客户造成巨大的损失，领导的管理能力也将备受质疑。因此，察觉到员工的负面情况后，请你一定要以当事人的立场去处理和解决问题。

25　员工濒临崩溃时的应对方法

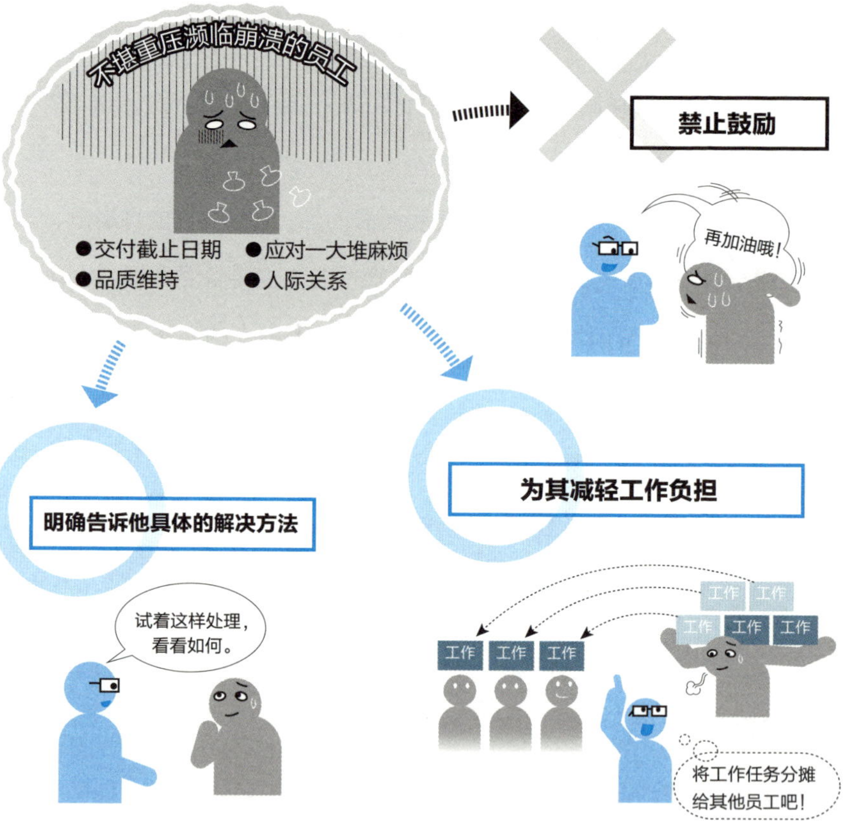

关键点　**从根本上而言，员工濒临崩溃是管理出了问题，请以当事人的心态积极处理。**

26

评价员工应看其行动与结果，勿凭片面之词

一、活用“业绩·发展目标同意书”，评价员工的进步与成长

每次核定员工工作业绩的时候，想必任何公司的领导都是最痛苦和烦恼的。因为并不存在完美的人事评价标准，这是没有办法的事实。

虽说如此，但绝不能在评价员工时模糊不清，因为人事评价对员工的成长有很大的影响。员工明明做出了优秀的业绩，大家都看在眼里的，却得不到领导正面的评价，这样一来，员工就很容易产生消极的想法——“在这个公司再怎么努力也没用”——而辞掉工作。

评价将与员工的成长息息相关，为了做好该项工作，必须要有合理的业绩和工作技能评价标准。

关于业绩评价，每个公司应该都有自己的一套评价标准，那么首先就用你公司已有的标准进行评价吧。但是，一般来说企业

开展业绩评价的确认，往往都会漏掉一个很重要的元素，就是员工是否真的有所进步和成长。对团队和组织来说，员工的进步与成长是最重要的事情。

要检验员工的成长，就要灵活运用“业绩·发展目标同意书”，就员工是否克服了自我发展的相关课题，每3个月进行一次确认并将确认的结果明示出来。如果员工在自我成长上还没有任何进步，那么请领导就怎样才能克服问题并使之有所成长给员工提出相应的建议。如果员工已经克服了问题，那就为其设定新的成长课题吧。

二、勿凭片面之词，评价员工要看行动与结果

最难的是对工作技能的评价。

“我有丰富的制作产品说明书的经验，所以我认为这样的说明已经可以了，没有问题了。”千万不能盲目轻信员工这样的结论。首先，完全不知道他是基于何种标准做出“没问题”的判断；其次，所谓以前的经验也只能是在以前的情况下才可作为参考，可能已经完全不匹配当下的现实情况了。

工作技能的评价不能只听员工的片面之词，要从其行动和结果来判断。为了能够顺利地开展评价，让我们来制作一份工作技

能评价表吧。

首先，请你试着列举出员工工作中最重要的 7 ~ 10 项工作技能，如策划能力、沟通能力、资料制作能力、工作日程管理能力、解决问题能力等；其次，针对不同项目客户的应变能力、商品知识储量、安全管理意识等都可列举出来。这些能力列举在纵轴上排列。

横轴则直接反映员工的工作技能高低。在横轴上将工作技能的高低设定为 3 个段位（如初级、中级、高级）。

这样 7×3 ~ 10×3 的表格就制作完成了，然后在各个框内写清楚每个段位和层次所要求员工必须达到的具体标准。例如，在策划能力这一栏，“即使没有领导的帮助也能独立完成策划工作”（中级）、“制作了一个当下热门的策划，在向客户推介后受到客户的认可”（高级），等等。然后在各栏中写入与员工的工作技能相匹配的各种具体标准。

在实际进行评价时，结合员工究竟匹配何种水平，在每个段位中又细分为 3 个层次进行评价，也就是说工作技能评价分为 9 个段位进行。

以此为基础再结合与员工本人的谈话对其进行最终评价。

26　工作技能评价标准示例

●横轴：将工作技能的高低大致分为 3 个段位

●每个段位中又细分为 3 个层次

●纵轴：员工所必备的工作技能

	高级			中级			初级		
	高	中	低	高	中	低	高	中	低
策划能力			○						
沟通能力				○					
资料制作能力			○						
工作日程管理能力							○		
解决问题能力						○			
应对客户能力				○					
商品知识储备					○				

●评价为“中中”

●关于各种工作技能，请写出每个层次必须达到的标准。

关键点 ▶ **打造一套客观的评价标准。**

27

让员工养成独立思考的习惯

一、不会思考就不会进步，让员工学会思考也是领导的职责

员工如果没有思考能力，那么他发现问题和解决问题的能力就无法提高，最终就只能成为一个永远等待指令的人。

我想员工“不思考”的原因主要有以下几点，领导可通过采取相应的对策，让员工养成思考的习惯。

○根深蒂固地认为“我很笨”

“我没那么聪明，再怎么想也想不明白”，容易有这种固有思维的人，一般来说要么是在儿童时代被人批评过“你就是个笨蛋”，要么是在工作之后被人嫌弃“为什么这么简单的问题都不懂呢”，等等。大家多多少少都有过这样的经历。虽然我从来都认为“每一个人本来就是聪明的”，但有的人只要一旦深信“我很笨”的话，就会放弃动脑筋，不勤于动脑导致最后真的变笨了。为了避免自己的员工最后变成这样，请你通过微小的成功体验让员工慢慢对自己重拾信心吧。

○思考太麻烦了

要做的事情太多的话，思考也就变成一件麻烦事了。此时，请指导员工运用矩阵模型，整理好工作的优先顺序。应该在哪件事情上着力、从哪项工作入手等，都将一目了然，感到麻烦的心理也将大大消减。

“这有什么意义？”习惯性这样想的员工也很容易放弃思考。此时，请你引导员工围绕“为什么就能说它没有意义呢”“思考一下这个问题，自己将得到些什么呢”等主题，用“A4 纸记录法”将自己的答案写出来，就能启发员工从中获得新的感悟。单纯让一位员工这样做的话易引起反效果，所以最好请全体团队成员一起来做这件事，也可以促进全员工作技能的提升。

○曾经有过失败的经历

“即使想出好的点子也一定不会被采用，总有人挑刺说这不好那不好。”如果员工有了这样的想法，他就会停止往下深入思考。这样的员工应该是自己的发言曾经被领导轻视过，或者自己失误后被领导责骂过。所以请你在团队中营造出一种即使失败了也要充分尊重和鼓励员工勤于思考的态度，以及敢于挑战的氛围。做作的表扬反而会起反效果。

如果察觉到员工有心要好好思考新点子的话，请领导一定要从内心对员工的这种工作态度充满感恩，这是一切沟通的出发点。

○不求有功但求无过的消极主义蔓延

“这样说的话应该会有人反对吧。”

“这样做别人会说我看不懂眼色吧。”

不仅是个人，现在的倾向是团队陷入了这样“消极主义”的思考中，团队成员大都产生了“不要思考”的心理压力。因此作为领导，请你明确地告诉员工：表达自己的意见和思考并不是坏事。

有的领导虽然平时这样教导自己的员工，但当员工真正表达自己的意见时，他的态度却发生 180 度大转变。哪怕领导只有一瞬间表现出了异样的态度，员工都会察觉到并完全放弃要积极表达自己想法的念头。

27　不会独立思考的人的特征

◆认为“我本来就是很笨”

无稽之谈！
每个人本来都是聪明人！
正是因为疏于用脑思考才真的变笨。

◆思考是件麻烦事

如果能整理好工作的优先顺序，
就不会觉得麻烦了。

◆曾经有过失败的经历

即使没有成功，也请尊重员工
的思考和挑战吧！

◆消极主义的蔓延

营造一种大家可以畅所欲言的
氛围吧！

关键点

让员工养成“勤于思考的习惯”，也是领导的职责。

28

让员工掌握与领导一样的沟通技巧

一、向员工传授沟通技巧，并使其习惯化运用

如果着力打磨员工的沟通技巧，那么领导和员工的合作将进一步灵活与深化。

此外，团队内成员间的交流沟通也将更加活跃，更有活力，工作的速度、质量都将大幅提高。

在此列举几点领导指导员工时的要领：

○让员工养成积极反馈的习惯

沟通交流的基础就是正面积极的反馈。领导不仅要向员工说清楚积极反馈的重要性，也要在自己的日常工作中多做示范。这样一来，员工也将渐渐学会凡事都做积极的反馈。

○让员工养成听完别人说话的习惯

要教导员工养成听完对方说话的习惯。应该引起注意的是，不管领导多么悉心地教育和指导，员工有时候还是很难注意到自己没有听完对方讲话。

把自己的员工分为听话人和说话人，进行分角色演练，这样就能让员工有意识地注意到是否听完对方讲话。因此，请你试着在自己的研究项目组里采用该方法引导员工对此问题引起重视。

○教导员工要学会关心别人

领导要教导员工不能只看到别人身上的缺点，而要学会关心他人，比如去试着了解他人的兴趣爱好是什么、之前一直在做什么工作等。这样一来，即便是不讨人喜欢的人，员工也能以一种轻松愉快的方式与其交往。只是关心别人必须保持平常心，否则将适得其反。

○让员工养成整理发言要点的习惯

对于不擅长发言的员工，在会议之前请你诚恳地建议他“这种情况下这样发言就可以了”，教导他在事前可以整理一下发言的思路和内容，并用几行字简单地写下思路要点。教导员工根据会议的进程和内容不断修正发言笔记,正式轮到自己发言的时候，一边参考笔记一边发言；并且可以告诉员工，与口若悬河的发言者相比，不擅长发言却很用心地、有条不紊地阐述自己观点的发言者更容易获得信任。这样一来，员工大都能养成整理发言思路的习惯。

○与顾客谈判陷入焦灼时的交流术

在与客户的谈判陷入焦灼时，新员工有时会拿出气势，“这次，我绝不会让步的”，但是有时也会完全败下阵来。

所谓谈判，就是双方不同的诉求相互碰撞，一边讨论一边找到平衡点和妥协点的过程。谈判中最重要的是双方的信任关系。教会员工信任对方的同时也积极获取对方信任，就不至于双方拍桌子瞪眼睛，最后不欢而散了。

○员工是自己的一面镜子

如果按照以上所列举的要点来指导员工，但最终员工并未如你所想的那样很好地掌握了这些技巧的话，那么就要请你反思、修正一下自己平时的态度和行为了。领导平时待人接物的方式会直接反映在员工身上，因此，可以说员工是映照领导的一面镜子。

28 指导员工提高沟通技巧的示例

◎指导员工提前整理思路，一边看发言要点一边发言

整理好了发言要点，
就不会头脑一片空白。

◎指导员工养成积极反馈的习惯

员工会慢慢模仿领导，
向领导学习。

◎在团队成员中组织角色扮演的会话练习

通过会话练习可以确认员工
是否听完对方讲话。

关键点 领导自己做不到的话，员工也就很难做到。

29

运用逻辑树分析法，明确具体的行动

一、所谓逻辑思维就是让对方觉得“确实如此”

“要更有逻辑地思考！”你是否也曾这样对员工说过？实际上，这是不正确的说法之一。

好好地深入挖掘，让对方心悦诚服地感到“确实如此”，这才是真正的逻辑思维。但是，大多数人都没有理解到这一点，好像只为了让员工熟悉“逻辑”这个名词一样，在自己都不明真意的情况下而频繁将逻辑挂在嘴边。

要让别人感到“确实如此”看起来似乎难度很高，但是只要用 A4 纸记录法进行反复的训练累积，就离成功近了一步。在此基础上，如果再学会灵活运用发展型的“逻辑树”，那么大家就能做到让他人心悦诚服。

逻辑树形态各异，但我最推荐的是如图 29 所示的逻辑树模型。面对一个课题或项目时，就可以采用该逻辑树模型。在此以儿童保育的问题为例，试做思考。

按照如下的顺序思考并填写逻辑树模型。

首先，筛选出儿童保育中的“现象·问题点”：保育园数量不足、保育师人数不足、保育师的劳动环境差、没有庭园、日托时间短、保育费用高、家长对保育园教育不满等。

接下来就思考隐藏在这些“现象·问题点”中的“本质的问题”。保育园数量太少可认为是政府政策的问题；日托时间短可能与父母工作方式有关系，也有可能是保育园经营上的问题；保育师的劳动环境差，如果从待遇层面来理解的话，应该是政府政策和保育园双方的问题；对保育园教育不满的家长应该是父母本身的素质问题，但会有父母感到不满意，这可能就是政府政策和保育园的问题了。

理清了本质的问题之后，接下来就是思考“根本的解决方法”。政府可以增加保育园的数量；保育园改善保育师的待遇，健全经营体制；认为日托时间太短的父母可以调整工作方式，或者寻找其他合适的保育园，或者选择雇临时保姆照顾孩子。

最后，再针对各解决方法来制定相应的“具体行动”。地方政府可以将闲置的场地加以利用建设成新的保育园；为了让公众了解到目前儿童保育问题的现状，保育园可建立博客，或向媒体提供信息线索；家长可以联系临时保育师。深入思考诸如以上这些可以采取的具体行动。

该逻辑树模型可在工作中使用，当然也可在私人事务中使用。如果眼下遇到了问题，不知如何解决才好时，请运用该逻辑树试着将所有的问题进行整理。“啊，果然如此，接下来我这样做就可以了吧”，像这样自己应该做的事情一目了然，自然而然就能行动起来了。

29　用逻辑树模型让人信服“确实如此啊”

逻辑树模型的应用示例　主题：怎样做才能解决儿童保育问题

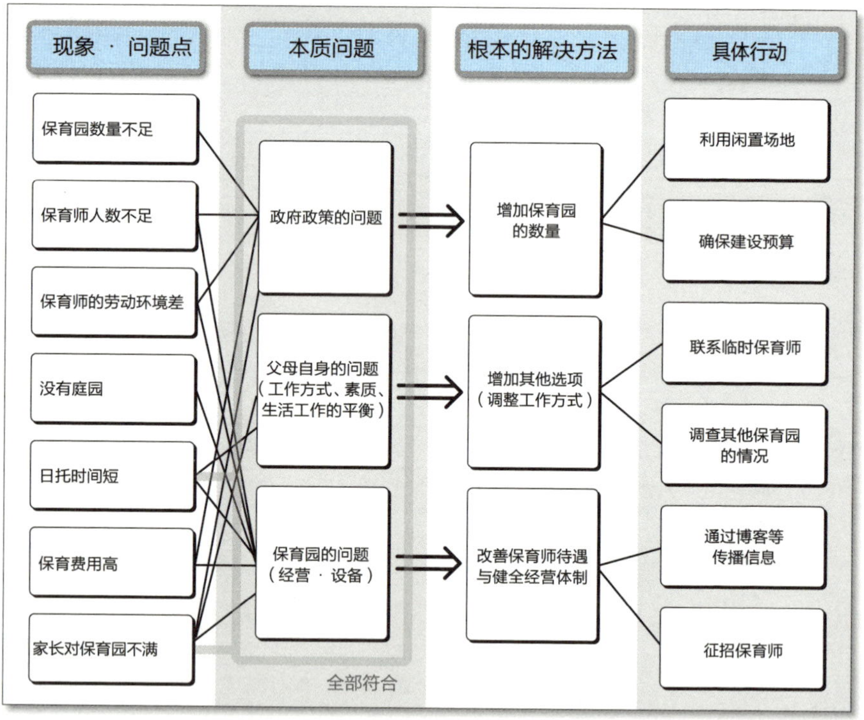

关键点　**如果能灵活运用逻辑树模型，整理好问题点，就能行动起来了。**

30

员工思考问题要学会“刨根究底”

一、反复质疑“为什么”，可提高分析能力和创造能力

不会刨根究底的员工，就不能理解事情的本质，他只会一知半解地推进工作，无论你交代他做什么都可能半途而废。

例如，交代给他书写报告书的任务。不会刨根究底的员工通常会使用一些自己连意思都没理解的生僻词语，或者直接引用一些连自己都无法正确读出来的统计信息，结果导致报告书的内容艰涩难懂、错误连篇。

所谓刨根究底是指对从别人那里听到的话、从新闻和网络等渠道了解到的信息等，常常抱以质疑的态度，能够做到持续提出疑问。

例如，有一家拉面店，老板对自家拉面的味道非常有信心但生意却门可罗雀，顾客量始终增长不上去。接下来我们试着从老板的角度深入探究一下其中的问题。

“为什么传播不开呢？老顾客是不是很少跟身边人聊起我的

店呢？”

“为什么老顾客不跟朋友介绍我的店呢？难道是因为推荐了对自己也没什么好处？”

“怎么做才能让老顾客都感到‘能推荐给大家真是太好了’？”

“通过什么方法能让所有客人都觉得‘推荐给大家太好了’？免费换大碗拉面、立减100日元、每带一个新客人首次来店消费就送老客人一杯啤酒……”

这样反复提出疑问并尝试解答，自己的分析能力和创造能力将得到很大的锻炼。

二、诚恳地持续发问，直到真正理解

要养成刨根究底深入探究的能力，最重要的是对自己所能掌握的信息习惯性地存疑。不管是从别人那里听到的信息，还是媒体报道的新闻，都不要拘泥于一个视角去看问题。

如今人们通过智能手机可以足不出户就获取到大量的信息，但从网络上获取的信息是否真实呢？最好对所有的信息都要保持怀疑的态度。“可能是这样的，也可能不是这样的”，怀着这样的想法，一边取证一边深入阅读。同一新闻事件，常常会有多篇报道，将不同的报道进行深入对比阅读后，就能比较容易探究到事件的根本了。

但在刨根究底时需要注意以下几点：

在听取他人陈述的时候，最重要的是要以诚恳的态度持续提问。但是如果只一味地提出问题的话，很容易让对方疑惑“这家伙到底有没有在听我说的是什么啊”。因此，最好一边附和对方的话，一边谦逊地提出自己的疑问。这样一来，对方就能了解到“这个人真的是很认真地在问我问题呢”。只要询问者的态度越认真，对方就会越投入并且越配合，“真想多给他讲点”。

做到了刨根究底就一定能从心底里真正理解事情的本质，“原来如此！是这么一回事”。就像掘地三尺往下深挖，锲而不舍直达坚硬的地壳一般。如果有员工不会深究问题本质，那么请你为员工创造条件进行职务扮演训练，以帮助员工养成凡事刨根究底的习惯。

30 多问“为什么”，深挖，深挖，再深挖

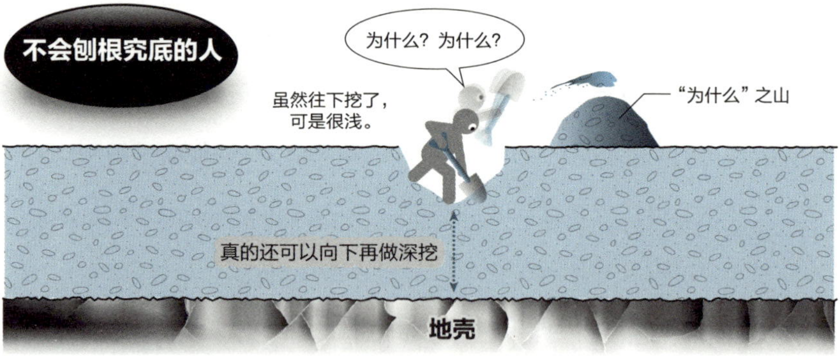

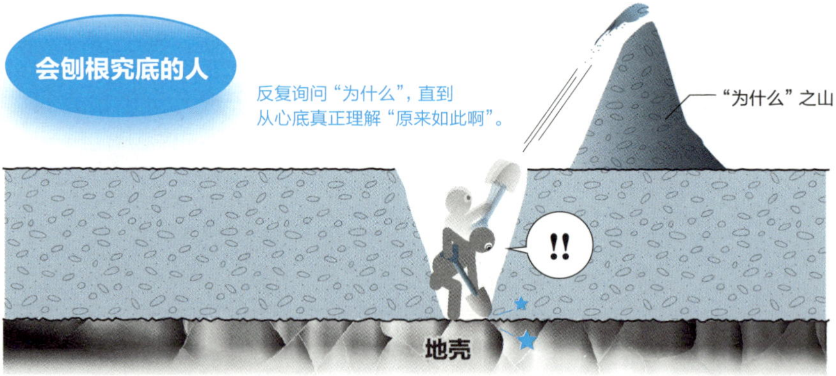

关键点 **以诚恳的姿态持续发问，对方也会感到安心，“他确实很认真在问我问题啊”。**

31

让员工凡事都要有自己的态度和看法

一、从身边事到社会事，凡事都要有自己的意见

指导员工都养成了独立思考的习惯之后，下一个阶段就是让员工养成“对万事都要有自己的看法”的习惯。当然，不只是普通员工，作为领导的你也一定要养成这个好习惯。

所谓“凡事”，如同其字面意思一样，就是社会上所发生的一切事。对与自己相关的业务和工作，自然要有自己的看法；对公司的前景规划和经营方针，也要有自己的看法；对国家政治和社会问题，依然要有自己的看法。

例如，最近引起广泛关注的人工智能。谷歌公司研发的无人驾驶汽车已经在主道上试驾成功、“阿尔法围棋”程序战胜了人类专业棋手等，人工智能的发展速度已经完全超乎人们的预想。看到这样的新闻，一定不能“哇！”“太牛了！”连连感叹就了事。

“人工智能的进步将会给家电领域带来怎样的变革？”

“人工智能的发展将会淘汰掉哪些职业呢？”

“自己所从事的职业也可能会被人工智能取代，应该做些什么准备来应对变化呢？”

经过这样的思考后，就可以做出一些理性的预测：“10年后、15年后或许是这样一番光景”“声音识别系统按这个势头继续发展的话，未来有可能会议记录等工作就交给机器人来完成了”“资料制作的方法也可能会发生变革”“无人驾驶技术普及之后，面向车内的娱乐服务项目也将迅速发展吧”，等等。这一切都是可能发生的。

二、与其收集信息，不如尽早持有自己的见解

“未来的事情，思考再多也是没有结果的。”

如果抱着这样的想法无动于衷的话，数年后有可能成为现实的事情就将像一场梦一般最终变得乱七八糟，而明明可以做到的事情却因为自己什么都不做而化为泡影。丝毫不作为就在生意上取得成功的人，这世界上应该是不存在的。因此，最重要的是大胆预测未来的走向，并就“到那时我应该怎样应对”提出自己的见解。

如果要对所有事情都持有自己的见解，这将花费大量的时间，因此必须方法得当。其关键有以下三点：

○常有问题意识

若能做到常有问题意识，待问题意识根深蒂固后，不用耗费太多精力，凭借好奇心就能自然而然地去了解事情。

○不必无止境地调查了解

不必为了持有自己的见解而对凡事都做彻底的了解和调查。调查是无止境的，因此尽快果断地下判断即可。比如就做 30 分钟的了解，规定好调查了解的时间就可以了。

○赞成还是反对，当场做出决定

看到新闻报道的时候，是赞成还是反对，我认为最好当场做出决定。针对任何事情，都能明确地持有自己的态度和见解，这样的姿态可以极大地开阔你的视野。

持有自己的看法，如果有意识地去做这件事，相信任何人都能做到。这是有百利而无一害的。如果凡事都有自己的见解，那么当问题发生时，就能及时提出折中的建议，并且还能尽早找到解决问题的答案，不仅是工作，在任何事情上效率都将大大提高。

31 对万事都能持有主见的秘诀

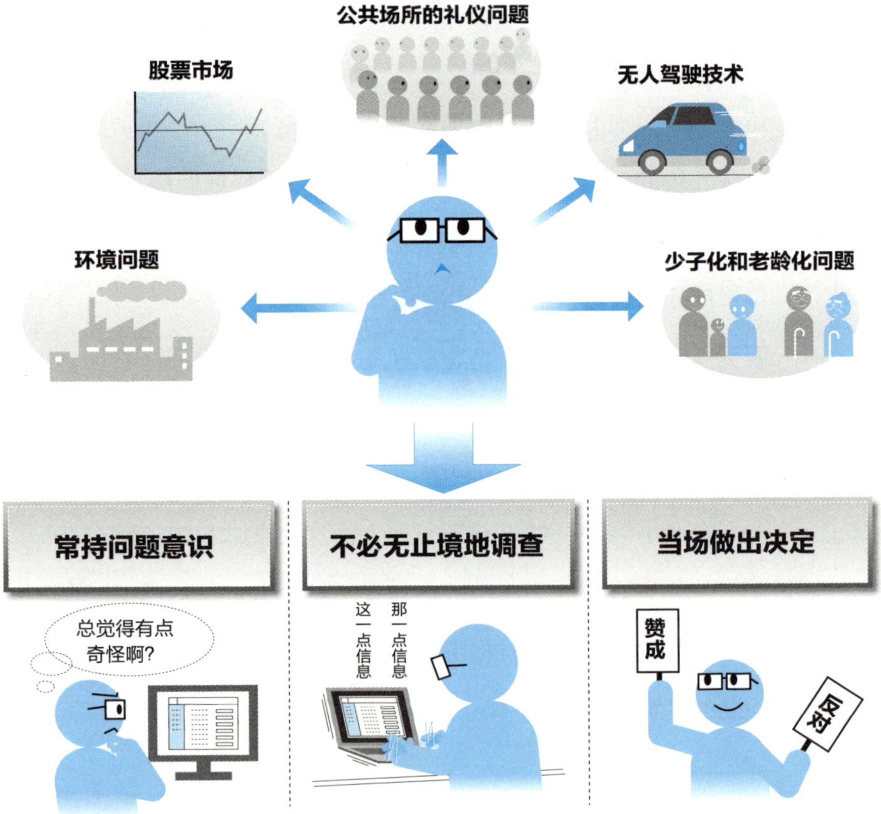

关键点 凡事持有主见，如果有意识地去做，是任何人都能做到的。

专题 3

我很在意速度的原因

无论如何，我始终很在意速度。因为速度快有无数的好处。我将试举其中几点，这其中共通的就是“良性循环”。

○可以尽早着手开始工作

与尤塞恩·博尔特比赛 100 米短跑，一般情况下，挑战者是没有胜算的。但是，如果博尔特在起点准备起跑时，你已经提前跑到 50 米处了，相信大多数人都能战胜他。这在竞技体育中是违反规则的，但是，在工作中却是完全可行的。

做事快的人和做事慢的人最大的差别并不在于实际做工作过程中的速度有多大差距，更多的是在于开始做事的时间点有很大不同。

提前开始做工作，在提前的这段时间内不仅可以完成部分工作，还能舒缓心情，使精神更加放松。因为心情愉快，工作速度就将大大提高，还能尽早开始着手下一项工作。

○可以更加灵活用脑

一台每天都启动发动机的赛车与一台几个月都不发动

的赛车相比，在比赛中能真正发挥实力的一定是前者。

大脑也是一样的。经常动脑可提高工作效率，大脑的运转速度也将提高，资料制作的速度也将大幅提高。此外，大脑动起来了，思路也就清晰了，还可以快速找到解决问题的方法等，效果显著。

○可以实现 PDCA 的良性循环

PDCA（Plan、Do、Check、Action）循环的速度越快，输出的质量就将越高。工作速度提起来了，PDCA 就可多循环几次，次数越多，PDCA 每个环节自然就加快了。

○可以提高工作干劲

工作速度提高了，就能比较轻松地做出工作成果。这是非常良性的工作状态，因而员工将更有干劲，进而工作效率将进一步提高。这样一来又将更快地做出成果，工作干劲也将越来越足。

○能够有更强的抗压能力

抗压能力强的人最大的特征就是知错后能果断改正。把能做的事情都做到位，最后如果还是不顺的话，也算是尽力了。他们一般能做到这样稳重、成熟地处理工作中的问题。

能达到这种境界正是因为他们能够最快速地完成工作。而抗压能力弱的人往往恐惧失败，小心翼翼地推进工作，绷紧了神经关注工作是否顺利。

这样的员工一想到要拿出成果来，自然就容易感到沉重的压力。因此，我建议他们首先还是试着将精力集中到提高工作速度上来。

第四章

领导只有不断提升自我，才能有效领导他人

32

立志成为让人敬慕的领导

一、所谓领导能力，并非就是命令

“过来！ ××（员工的名字）。明天之前赶紧把这个文件整理好！”

像这样为宣扬领导权威而向员工下命令并非真正的领导能力。如果对如何完成任务完全不进行具体的指导，只是向员工摆出一副“你赶紧去做”的姿态，那么是没有人会信服并诚心地追随这样的领导的。

真正的领导是同时具备以下 5 种能力的人：

①周围的人能自然而然地追随过来

受到员工的仰慕，能够让员工不由得感到“真想追随这样的领导啊”。绝不会做强力压制员工的事情。

②能够勾画出未来的前景和蓝图

领导通过勾画未来的发展前景和蓝图，员工就能够拥有面对任何困难的勇气和力量。

③面对危机依然能保持平常心

目标越高，所面临的危机和风险就越多。清楚地认识到这一点，并在遇到麻烦时也能够沉着冷静地处理问题。

④非常清楚先急后缓的优先顺序

一般不会为眼前突发事务而束手无策，因为在一开始就有意识地做好了中长期的、应对各种问题的优先处理预案。

⑤兼备热情、上进心、灵活性

拥有一定要将事业做成功的热情，如果想说的话，可以一口气连续几个小时大谈自己对工作的设想和规划。

二、为维持领导权威应该做的实践

如果不努力的话，是完全无法维持领导权威的。为了实现领导自身的不断成长，请实践以下事项。

○指导员工

为员工提供指导不仅是为了帮助员工，这与领导自身的成长也息息相关。请为你的员工提供一些你自己做员工时想要得到的指导。通过指导员工，实际上领导自身也能获得另一种形式的成长。

○结识比自己更有想法、更优秀的人

与没什么想法的人在一起，自己也将被他们影响。因此，尽可能地马上去结识一些比自己拥有更远大目标、更强领导力的人。学生时代的朋友、上一份工作中的前辈等，仔细搜寻的话应该能发现的。如果身边没有这样的人，那么就去听听名人的沙龙和讲座等，在演讲结束后主动交换名片，当天就发送一条和他当场发言相关的致谢的邮件，多尝试一定能得到再次接触的机会。

○保证最短但最佳的睡眠时间

没有健康的身体就无法应对高强度工作的压力，因此营养均衡的饮食和适当的运动必不可少。对无法保证充足睡眠的人，由于每个人的情况不同，我的建议是，可以有意识地了解一下，要维持工作精力并且保证身体机能，自己所需要的最短的睡眠时间是多少，只要保证好这个最短的睡眠时间就可以了。我的情况是5.5 ~ 6 小时。

32 作为领导的必备条件

周围的人能自然而然地追随而来

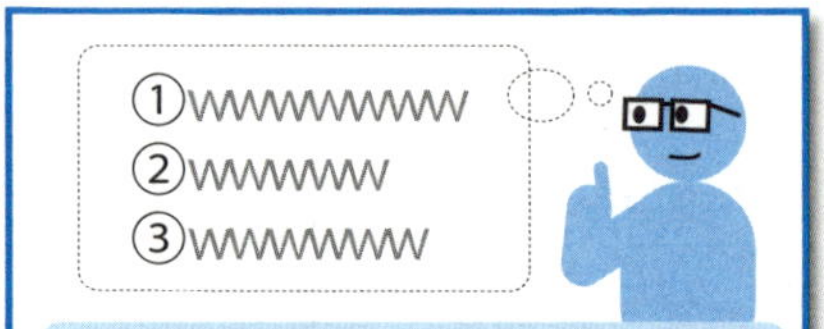

非常清楚先急后缓的优先顺序

能够勾画出未来的前景和蓝图

兼备热情、上进心、灵活性

面对危机依然能保持平常心

命令并非领导能力

关键点 领导自身不进步的话，是无法维持领导能力和领导权威的。

33

面对外籍领导或员工，也要从容使用英语应对

一、领导和员工都无法避免使用英语

以前，大部分工作就算不会英语也能从容应对，但是如今英语能力正成为所有商务人士不可缺少的工作技能之一。无论如何，总有一天会有外籍领导或员工加入你所在的公司。已经有外国人加入的公司现在应该也不少了。

“好烦啊。英语什么的完全没有自信啊！”

“员工都会英语，可我身为领导却完全不会，真是太丢脸了。”

经常能听到这样不安的声音。

日本的很多商务人士确实不太擅长英语。但是，日本人在初中、高中里接受了至少 1500 小时的英语学习训练，因此只言片语地使用几句英语倒也并不稀奇。

明明多少都会一些，但现实中大家说起英语都只是摇头，这

是由于人们对英语的认识钻了牛角尖——“必须得很流利地说才行啊”。仅仅是不流利而已，却认为“自己英语完全不行”，有了这样的心理障碍就完全不敢说英语了，这样一来，不管多久英语也还是不能流利地说起来。

二、虽然不擅长，但为了交流尽全力使用即可

如何才能克服自认为不擅长英语而不使用英语的心理障碍呢？泰然自若地与外籍领导和员工交流，这对作为领导的你来说也是一种锻炼和成长。

○不必在意发音

就像 rice（大米）和 lice（虱子）一样，英文中有很多单词只要发音稍稍改变意思就截然不同。

你可能会担心“那不是会引起一些不必要的误解和麻烦吗”，但是实际上发音里的一些微小的失误，是没人会真的介意的。中国香港人和印度人的英语都有很重的口音，但是在商务活动中交流起来完全没有任何问题。他们都不会介意口音问题，反而毫不胆怯地大声用英语直接交流。因此，日本人即使用蹩脚的英语大声交流，大家也会欢迎的。世界上不会有人傻到直接问你“你到底在说些什么呢”，因此，请用英语放心大胆地大声说出来吧。

悲哀的是，瞧不起日本人英语的，其实只有日本人自己。所以，请不要再犹豫了，赶快从这个恶性循环中解脱出来吧。

○不需要处处都“周全地表达”

“今天的议题如下”“请再解释一次”“下次会议定在什么时候呢”等，会议也好，研讨会也好，调研也好，很多场合使用的句式实际上都是同一种模式。

只需要每种都分别记住一句固定模式，就能用英语交流了。

○交流不顺时，单纯罗列单词也 OK

对方需要“流利的英语”，这只是你一厢情愿的想法。单靠肢体语言和单词的罗列也可以交流。最重要的并不是技巧，而是“无论如何都要把想法传达给对方”的强烈意愿。

关于这一点，《教你跨过英语这一关》（祥传社）一书做了详细的论述。

33　外国人并不太介意“蹩脚的英语”

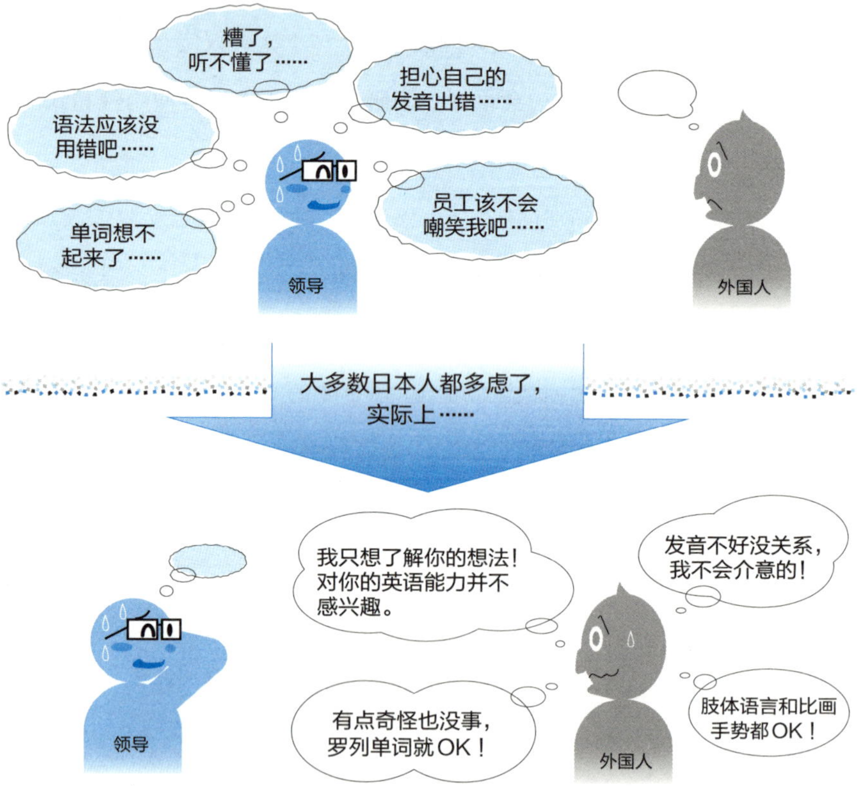

关键点　**最重要的并不是“流利的英语”，而是千方百计想要传达信息的意愿。**

34

将英语学习“规划化”，愉快而持续地推进

一、需求是发明之源，因而要创造学习英语的理由

不到万不得已要用的时候，英语是很难真正掌握的。我自己也一样，要不是到海外工作，面临不得不使用英语才能和团队的其他成员交流的窘境，我也很难有如今的英语水平。

那么，怎么做才能让自己虽然身在国内但依然能够掌握好英语这门语言呢？我的建议是阅读和观看自己喜欢和感兴趣领域的英语新闻报道、节目等，在娱乐中掌握英语。

网络上英文的网页是日文的数十倍，可以通过浏览自己感兴趣的英文网站的节目、新闻、评论等来练习英语，不知不觉中掌握的英语阅读能力和听力都将让你大吃一惊。关键就是不要把英语作为学习的对象，而要将其作为好奇和关心的对象。我想在日本，将语言作为一门学问来掌握的人应该是极少数的。

二、学习 3 个月后休息 1 个月，劳逸结合不会半途而废

不间断地坚持一件事情是很困难的，有时难免不自觉地偷懒。

防止自己偷懒的最好方法就是寻找同伴。在公司里寻找与自己志同道合的同事组成一个圈子，应该会有很多人加入，也可以在 SNS 上寻找这样的朋友。同伴之间相互激励，可提高学习的可持续性。

在英语上有了一些自信后，就可以承担部分英语相关的工作，这样坚持学习的效果是很明显的。翻译英文的资料、增减相应的英文文本信息、用英语汇报工作等，这些机会慢慢都会接踵而来。到那时，依然请你不要苛求自己“一定要流利地表达”，而是抱着“传递信息”的心态去面对这些机会和挑战。

持续学习变得越来越辛苦、越来越难以坚持的时候，比较有效的做法就是“集中学习 3 个月后休息 1 个月”。

大部分的人在面对艰苦的工作时，如果提前定下了完成日期，那么大体都能坚持下来。因此，就将学习英语作为一个新的项目，规定 3 个月的项目期，其间试着每天早上和晚上都学习一小时英语。虽说是学习，但是如前所述，只需要多看些自己感兴趣领域的报道和节目就足够了。然后接下来的 1 个月就暂时远离英语，转换心情和转移注意力。

没有时限也没有休息的英语学习，只会让人感到一种义务感和压力感，不利于身心健康。不可思议的是，以这样 3+1 的循环来学习英语，在休息的 1 个月结束时，反而更容易重新燃起学习动力，“又想学英语了”。

在停止学习后还能让学习重新恢复的，并非半途而废的负罪感，而是“休息”。如果想着“绝不能半途而废”而继续学习的话，心情将变得非常沉重。因此，请大家抱着“休息休息也不错”这样放松的心态继续你的英语学习吧。

34　学习英语会半途而废的人和不会半途而废的人

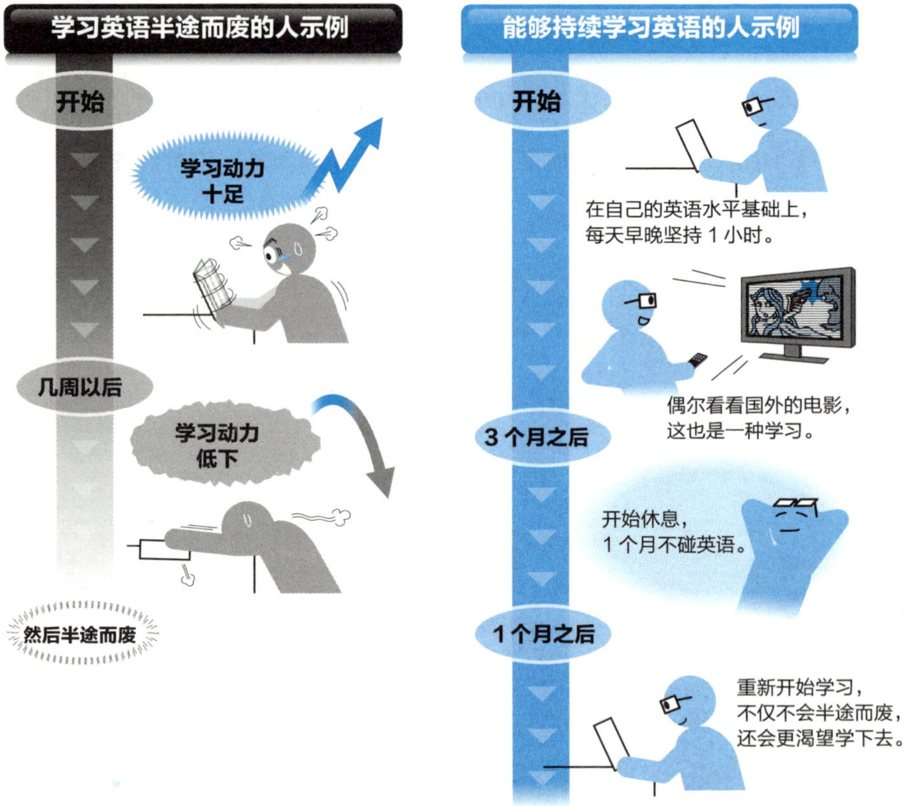

关键点 在公司里或在SNS上寻找学习英语的同伴并相互督促，非常有效。

35

当机立断、即时执行

一、优柔寡断是浪费时间，当机立断能解决所有问题

作为领导，如果不能做到当机立断、即时执行是万万不行的。只要经过训练，慢慢思考之后做出的决定和瞬时果断做出的决定，大多数时候并没有那么大的差别，因此，有能力的领导大都能用心做到当机立断、即时执行。在习惯性地将事务延期再议的人中，大多数都只是在逃避果断做决定，实际上如果要求当时必须决断的话，其实大部分人都是能够做到的。

“可是还有很多细节应该深思熟虑、从长计议啊。”

可能有的领导会有这样的想法。当然，需要深思熟虑的事情就应该深思熟虑。但是，即使很多时候结论是差不多显而易见的，还是有很多人容易习惯性延后处理。这种情况下的犹豫与顾虑、踟蹰与迟疑没有任何价值，仅仅是浪费时间而已。

果断下决定的优点至少有以下 6 点：

①可以先发制人。

②可以循环多次 PDCA，更易接近成功。

③可提高生产力，提升工作效率。

④可提高员工对领导的信赖程度。

⑤员工的行动也能迅速起来。

⑥团队整体将充满活力。

二、“不能当机立断”的心理障碍的消解方法

不能果断做决定的人往往深信这将带来巨大的风险。“这么早就做决定的话，一定会有负面效果”，像这样过于慎重思考了。如何消解这种心理障碍，我整理了以下几种可操作的方法：

○不把信息收集完整就内心不安

如果不把所有的信息都收集完整就做决定的话，他始终会感到内心不安。但是，信息是不管怎么收集都收不完的，并且信息本身是没有任何价值的，重要的是“如何使用”信息。收集整理了很多资料就有安全感，这不过是自我安慰和自我满足而已。

○不把选择项目罗列完整就内心不安

在做好了决定之后还去想“可能还有更好的选择吧”，这纯粹是浪费时间。大体上一件事情思考三个选项，能做到三选一就已经足够了。要想有更好的选择，必须要有更好的顾问。

○不懂如何做到当机立断

果断做决定的步骤一共为三步：①整理选择项；②评价；③决定。有的人明明信息已经收集得很好了，但因为犹豫在第三步时花费了大量的时间。

与其畏首畏尾，还不如果断地早做决定、即时执行，即使失败了也有足够的时间修正调整。

○不习惯果断做决定

让我们试想一下不能果断做决定所带来的不利影响吧：深思熟虑错过时间失去商机、被竞争对手反超、导致错误无法挽回，等等。这样一想，就能发现只有放手果断去做才能有更好的结果。

在反复实践果断做决定的过程中，你能越来越沉着冷静，果断决定将渐渐成为你工作中理所当然的一个习惯性环节。

35 当机立断、即时执行的优点

关键点 不能当机立断的风险比当机立断的风险大多了。

36

利用通勤时间坚持学习，将为你带来惊喜

一、和通勤地狱说再见，把地铁变成英语课堂

每天在地铁和公交车上的通勤时间，如果什么都不做的话，你就只是无所事事地打发掉了。商务人士如果能有效利用通勤时间，将与别人显著地拉开差距。但是如今纵观车厢内，好像大多数人都只是拿着智能手机玩游戏以打发时间。我并非完全否定手机游戏，只是如果整理一下优先顺序的话，你会清楚地发现若将这些时间用来提升自我才是最有意义的。想要实现自我成长的商务人士，在通勤的地铁和公交里首先最应该做的事情难道不正是阅读和学习英语吗？

单程 45 分钟的话，往返就是 1.5 小时。在繁忙的日常生活中能够确保如此一段集中的时间去做自己想做的事情，这太珍贵了。在地铁和公交中的通勤时间是不会被任何人打扰的宝贵的私人时间，如果能有意义地度过的话，我想多少还是能感到有所收获和

成长的。

○通勤阅读的建议

最近日本人阅读的机会越来越少，我也一样，现在阅读的时间与之前相比明显减少了。以前每月阅读量就在10本以上，现在虽然略有减少，但读书量还会保证在平均水平之上。

关于阅读的效果和好处有：掌握专业知识；能接触到自己不具备的价值观；因为感动而深切感受到能够理解他人的重要性；通过长期的阅读，也能更好地胜任管理的工作。

但是，高峰时间在满员的地铁和公交车里要打开书是一件很困难的事情。对于这样的担心，我的建议是可以阅读电子书籍。采用电子书的阅读方式，不仅可以单手操作，遇到不懂的词语时还可以马上用电子书自带的字典查询；并且在你没空去书店时，只要在可联网的环境下就能随时购入自己喜欢的读物。

若能有效地利用通勤时间，应该每周能读完一本书。

○通勤学英语的建议

想要学习英语但是没有时间去英语学校学习的人，就请直接把通勤地铁和公交车变成你的英语课堂吧。上班和下班每天2组练习。如果能坚持每天练习，英语能力将有相当程度的提高。

但是，地铁中是无法进行会话练习的，那就以练习阅读和听力为主。英文新闻报道可以通过智能手机直接浏览国外的新闻网站，方便又轻松。但对大多数日本人来说，比起英文阅读能力更应该强化的是英语听力。

如果英语听力太差，实际会话中必然会吃不少苦头。提高听力水平最重要的是养成习惯，在 YouTube 或其他播放软件上收听英语新闻，或者收听提前录好的电台英语节目等，让自己的耳朵习惯英语。

36　通勤地铁（单程 45 分钟）的消遣方法

关键点 **通勤地铁（公交车）是谁也不会干扰您的珍贵的自我成长空间。**

37

及时回复邮件

一、及时回复邮件，可以提升信用度

每封邮件都在几分钟之内迅速回复的人，与阅读邮件后思来想去犹豫不决地花上 15 ~ 20 分钟以上回复邮件的人，在“处理邮件之外可使用的时间”这一点上两者有巨大的差距。

虽然处理邮件的速度直接关系到工作成果输出的数量和质量，但是好像大部分人并未注意到这一点。及时回复邮件不仅可以节约时间，还可以让对方感受到你的真挚态度和热情回应。在这一点上稍微用心就能取得意想不到的良好效果，这是其他方法所不能比拟的，因此请你务必尝试做到及时回复邮件。

我除了与他人见面和集中精力做资料之外，其他时间都会尽全力做到及时回复邮件。每天确认邮箱 20 ~ 30 次。在我所收到的邮件中，不仅有与工作相关的邮件，还有阅读了我著作的读者、想要参加沙龙讨论的朋友发来的感想和问题求解的邮件，我都会一封一封地依次回复。

有的人习惯于积攒一定数量的邮件，在午休前后和傍晚等一段固定的时间里集中处理。但这样一来，紧急事务的相关邮件就没法得到及时回复，而让工作蒙受损失。

此外，如果抱着“已经收到很多邮件了，之后一起集中回复吧”这样的态度，就不能完全将精力集中到其他想要处理的事务上了。

二、按照来件的顺序依次处理

牢记提高邮件处理速度的秘诀，注意养成及时回复的习惯。

○不要优先特殊处理某些邮件

不管是重要事务的邮件还是日常琐事的邮件，都不要按照优先排序处理，而是按照来件的先后顺序依次处理。与其优先处理某些邮件，不如依次处理，这样能够更快处理完所有邮件。

○加快邮件内容的书写速度

好像很多人会在组织邮件内容上花费很多时间。针对这个问题，依然建议坚持几个月实践我所提倡的“A4 纸记录法”，慢慢地你就能根据对方的需求瞬间做出判断，回信速度自然而然也加快起来。

○将难题暂时延后

邮件所提到的问题太棘手了，一时想不到恰当的回复时，可以试着在写完邮件之后暂时不发送，等 30 分钟之后再看一遍。这样一来，可以站在客观的角度再看一次自己的想法，并且能够试着再次确认邮件内容是否有不妥之处。

不必当日回复的邮件，或者自己的回信内容太过主观和情绪化的时候，延后一天再回复是非常明智的做法。

○收件夹内不要分类

很多人习惯将收件夹分成几个类别进行“分类设定”，这样每天就必须一个不漏地一一确认每个文件夹内收到的邮件，容易一不小心就漏掉部分文件夹，因此我不建议大家这样分类操作。“分类设定”乍看起来是方便操作的一种方法，但实际上并非如此。

37　及时回复邮件的好处及方法

及时回复邮件可以提升信赖度

秘诀 1

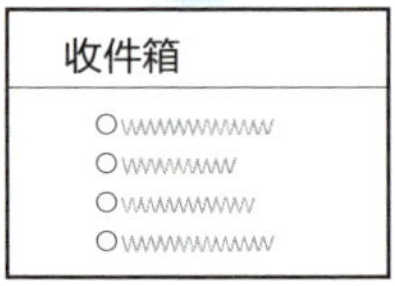

按照收件顺序依次回信，
这样能更快处理完所有邮件。

秘诀 2

运用“A4 纸记录法”训练
自己表达能力。

秘诀 3

很难回复的邮件，
根据实际情况可延后
30 分钟或 1 天再处理。

关键点　**不要积攒邮件，请每天确认 20 ～ 30 次收件箱。**

38

白板是发挥领导力的重要道具

一、会议记录的工作不要交给员工，应由领导承担

拿着准备好的提纲和要点照本宣科的会议、领导为了责备员工而开的批斗会议、讨论得热火朝天却得不出有效结论的会议、胡乱超时的会议等，这类效率低下的会议如今在全日本各地的公司里都普遍存在。

之所以会导致这样的结果，正是由于领导没有有效地发挥自己的领导能力。

如果领导坐下后就一言不发地盯着发言者，或者理所当然地在会议中途进出甚至提前离会等，显然会导致参会者的讨论根本无法深入开展。

有的领导常常会命令部门新人“你来做今天的会议记录”，但能保证会议顺利进行的做法应该是领导自己站到白板前，一边写下自己的发言要点一边主导会议的进程。

良好的会议形态不是让新手来做会议记录，而应该是由领导

本人来推进会议。

每个公司里应该都有白板。口头表述无法说清楚的问题可以迅速展示在白板上，或者用白板演示工作任务的分配等。白板的用法多种多样，只有通过灵活使用白板，领导的领导力才能得以充分发挥，才能顺利主导并推进会议的开展。

二、不要整理要点，原封不动地写出发言内容

领导要一边主导会议的进程，一边原封不动地将参会者的发言一条一条地写到白板上。不要只写要点，最好尽量将参会者的发言一字不差地写到白板上。发言者看到自己的观点已经传达给大家并且被记录下来就会感到安心，也就不会再重复同样的话了。

此外，其他参会者根据白板上的记录掌握会议的整体流程，也就不会反复提及已经讨论过的问题，更不会带偏话题而说到完全无关的事务上去。只要实现了这几点，会议就能进行得更加顺利。

有的员工在会议上不能流畅地表达自己的观点，因此作为会议主导者的领导可以稍加修饰和补充，再将其发言内容记录到白板上。此时，领导再指着自己写上去的部分向发言的员工确认“你说的就是这个意思吧”，发言者也可松一口气。

这样一来，作为听众的其他参会者也能加深对该事务的理解，

并且能够从心底感受到这位领导是真的充分发挥了自己的领导能力。

会议中，当不同发言者的意见相左时，领导可以在白板上写出比较表。以争论的问题焦点为行，以两位发言者的名字为列，然后分别写入两位的不同观点。

这样一来，就能发现“A 先生和 B 先生在预算上的做法是完全不同的，但他们想达到的目的是一样的”，意见对立的焦点就一目了然了。

会议结束后，将白板的记录拍照留存并发送给大家。这样会议记录就算圆满完成了，不必费时费力再去重新整理会议记录了，也不存在任何记录上的遗漏。

38　会议记录的要点

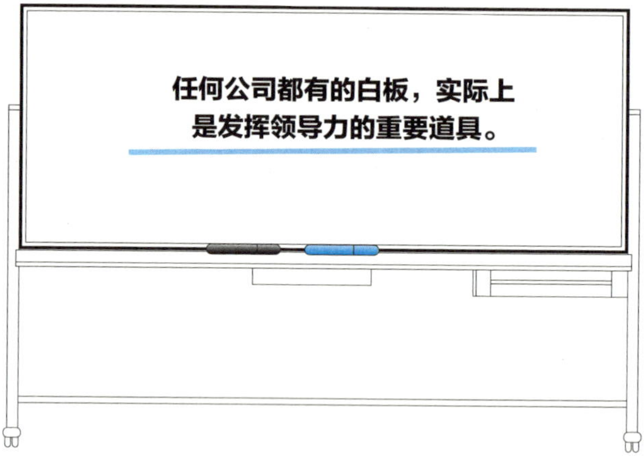

领导在白板上进行书写

- 尽可能原封不动地记下参会者的发言内容。
- 员工无法流畅完整地表达自己观点时，由领导进行补充，“你是这个意思吧”，指着白板上的文字向对方进行确认。
- 意见相左时，就在白板上整理好比较表格，让对立的焦点一目了然。

关键点　**领导主导会议，可以实现对议题的高效、充分讨论。**

39

集中注意力，一口气完成文稿的撰写

一、若杂务缠身则无法全神贯注写完文稿

身为领导，很多时候必须在很短的时间内完成大量文稿的撰写。除了本来就必须由领导自己完成的文稿部分之外，当员工的进度太慢时，还不得不帮员工补充完成一部分文稿的书写。

我的情况是除了工作之外还要写博客和写书，因此大部分时间都面临着短时间内必须完成大量文稿的窘境。一边工作，一边上学或者正打算上学的职场人也一样，往往在同一时间段内必须完成工作报告和学术论文的书写。

要完成这些任务最必不可少的就是能够集中注意力撰写文稿资料的环境。想要一边进行其他杂务一边撰写资料的话，无论如何速度都会降下来的。几行文稿花 10 ~ 20 分钟的话还算正常，但很多时候一旦有别的事情分散了你的精力，脑中本来想好的文稿构思和表达一瞬间便会消失殆尽，不得不重新构思。

从这点来看，工作场合并非适合进行文稿撰写的最佳环境。

有可能会有客户打电话过来；有可能领导会突然要见你；有可能会有员工突然过来说“有个问题想请教你一下”；还有可能总经理和部门经理会来找你沟通业务；等等。

二、从网络环境中抽离出来，把自己关到“易拉罐房间”

要想一气呵成地完成文稿，必须得创造一个能够埋头写作的环境。

首先，切断网络。写作资料时，除了需要大量查阅资料的情况之外，请你终止浏览所有网站。因为一旦在网络上查资料，往往很容易对原本没打算查的东西也一一浏览起来，最终既分散精力也浪费时间。这是造成下笔速度低下的最主要原因，因此首先请切断网络连接。虽然连邮件也回不了了，但是按照思绪写完一个段落或一部分之后再回过头来处理邮件应该不会太晚。

习惯用手机收发邮件或者用 SNS 收发消息的人可以通过将手机调整为静音状态等方式来消除杂念，集中精力撰写文稿。同时，暂时不接听除紧急电话之外的一切电话，集中注意力继续执笔写作。写完之后及时回复电话即可。

此外，场所问题也请你特别留意。无法在自己的工作隔间里集中精力写作的人，可以尝试利用空着的会议室等，寻找自己能集中注意力的房间进行写作；还可以选择到附近的咖啡厅这样安静的环境中去完成文稿的写作等。

其次，将连续写作时间定为一小时左右。如果没有提前规定好时限，注意力很容易不集中。即使是一小时无法完成的工作，也请将一小时作为写作的分段时限，可以停下来稍做休息和处理邮件、确认员工的进度等，做点别的事情以放松精神。

想集中精力进行文稿写作必须要创造这样的环境，但是如果想要提高自身的写作速度的话，依然建议采用“A4纸记录法”进行反复的练习积累。这样一来，要写文稿时即可文思泉涌、一气呵成。

39 注意力能否集中取决于环境

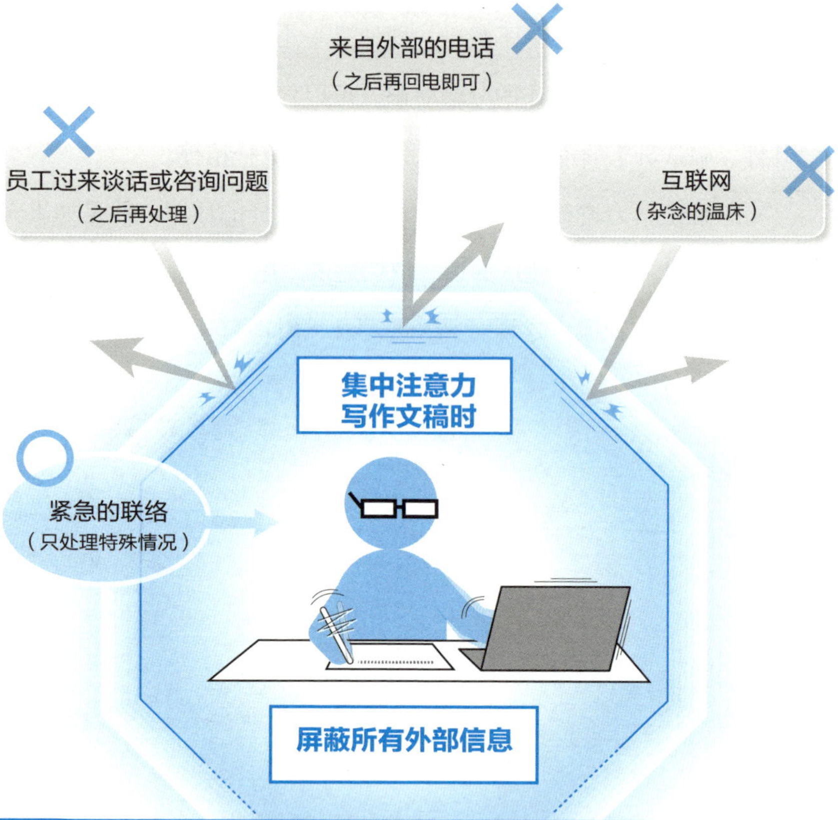

关键点 **集中精力写作的时限定为一小时。**

40

难度太高的事务，用选择法做决断

一、打分方法可助短时间内做出选择

难度太高的事务，要做出最终的决断往往容易花费较长的时间。但是，有个不错的办法就是提前整理好几个可供选择的选项，如果有了选择就能当场做出决断。接下来我将介绍一种能辅助你进行决断的工具。

例如，某保险公司的某项目组想要吸引更多的消费者购买面向家庭的保险商品，他们应该怎么做才好呢？就此项目组开会进行了商讨，会议中提出了以下 3 个方案：

A 方案：降低该项家庭保险的保费

B 方案：在报纸媒体上投放广告

C 方案：开展面向家庭的活动

在待选项目一览表（如图 40）的选项一栏中填入各个具体方案。

接下来，在评价轴上将重要的评价标准分为四项，分别写入各列最上方一栏。这里我暂将新增签约的效果、成本、竞争优势、对其他项目的促进作用四点作为重要的评价标准。横轴和纵轴都设定好之后，再分别用◎○△ × 进行判定。◎是4分，○是2分，△是1分，× 是0分。分数越高则某方案在某项评价中表现越优秀。

首先是A方案。降低保费虽然不会产生其他新的费用，但是将直接影响成本，因此成本判定为△。此外，其他公司还有更便宜的保险产品，所以竞争优势判定为 ×。从过去的经验看来，采用A方案多少还是可以增加一些销售量。

B方案不仅可以提高该保险产品的知名度，还可以提高企业整体的品牌认知度，因此对公司其他项目的促进效果是◎。只是，要投入广告费用，成本投入太大，判定为 ×。

C方案能否直接提高销售量并不明朗，因此判定为△。将家庭召集到公司大楼里，为他们阅读读物或由员工为其开展保险知识讲座等，都是企业内开展的实用型活动，因而成本是◎。

其他的项目也一一做出判定后，最终的结果如下：

A方案：◎ △ × ×

B方案：◎ × ○ ◎

C方案：△ ◎ △ △

以此为基础进行综合评价。计算之后A方案是5分，B方案是10分，C方案是7分。同时结合四个评价标准的现实情况来进行评价。这次是有媒体广告费用投入预算的，因此B方案最合适。

但是，如果没有广告费用投入预算的话，投放广告这个选项就没有了，可能最终会敲定 C 方案。

二、乍看貌似草率，但重要事项已全部包含其中

在商业活动和日常生活的诸多主题中，上述待选项目一览表都能发挥作用。举办活动时选择开展哪项活动最好；众多方案中究竟采用哪个方案；员工旅行的目的地；与相处不太融洽的同事的关系修复方法；搬家时房屋选定……任何事务都可采用该表进行决断。

也许有人会认为："重要的事情就用这种机械的方法来决定真的没问题？分数的计算方法难道不会太草率了吗？"但是，乍一看虽有些草率，但重要的因素全都考虑进去了，可以帮助我们及时停止"哪个选项才是最好的"这种无休止的争论，进行规范有序的整理并从容理性地做出选择。

40　通过打分来比较各个备选项的方法

对备选项进行比较的示例　如何吸引更多的消费者购买面向家庭的保险产品？

	新增签约的效果	成本	竞争优势	对其他项目的促进作用	综合评价
选项A 降低保费	◎	△	×	×	5
选项B 报纸投放广告	◎	×	○	◎	10
选项C 开展面向家庭的活动	△	◎	△	△	7

● 四项标准组成评价轴

● 写入各选项

● 最佳选项是2

◎＝4分　○＝2分　△＝1分　×＝0分，按此分数计算

关键点

乍一看虽有些草率，但重要的因素全都考虑进去了，可以帮助我们及时停止“哪个选项才是最好的”这种无休止的争论。

专题 4

有趣易懂的“点子记录法”

本书介绍了培养员工并做出业绩的方法，为了进一步引起大家的重视，我将再介绍一个自己研究的新方法——“点子记录法”。

该方法是对“A4 纸记录法”的进一步发展和深化，在国内外由我的读者所组成的研讨会中已经有多位商务人士亲身实践了该方法，也有众多的企业或团体实际引入了该方法。不管是大型企业的决策人，还是便利店老板、大学生等，不论国籍、行业、职位，都已证明针对任何课题这都是极其有效的一种方法。

这里我以“如何快速培养员工并使其创造出业绩”这一课题为例介绍“点子记录法”。请务必在多人场景中运用该方法。因为通过向其他人说明自己所记录的东西，可以让自己的思路得到有效的整理。其次，通过聆听别人的说明，可以学习自己未曾有过的思考问题的视角，还能做到越来越尊重他人的意见。所以每次的说明都请与他人搭档进行，4 人以上最佳。

“点子记录法”就某一课题，按照“书写点子、解释说明”两个步骤一共进行三组操作。具体顺序如下所述。（※ 书写点子的方法请参考 182 页的图示）

①3 分钟内，完成第 1 页纸的书写（ = 为何会失败）。

②2 分钟内，2 人一组就书写的内容互相进行解释说明。

③3 分钟内，完成第 2 页纸的书写（ = 为何会成功）。

④2 分钟内，向另外一组的 2 人就书写的内容互相进行解释说明。

⑤3 分钟内，完成第 3 页纸的书写（ = 今后应该怎么做）。

⑥2 分钟内，向另外一组的 2 人就书写的内容互相进行解释说明。

只要按照以上方法操作，“为何会失败”“为何会成功”“今后应该怎么做”这 3 件事情就一目了然了。这样一来，大家可以发现自己的优势和弱点、平常思考过的问题、从未想过的问题、自己过度在意的事情等诸多内心细节。

换成其他的主题，该方法也同样有效。沟通不顺畅、沟通良好、今后应该怎样沟通；面试不顺利、面试很顺利、今后应该如何参加面试；无法果断决定、做到了果断决定、今后应该如何果断地做决定；等等。该方法适用于任何主题。

刚开始大多数人都只能写出一两行相关的思考，但只要多加练习，不知不觉中就会思考和分析得越来越丰富、透彻。正因为拥有了自己坚定的想法和思考，也才能够赢得周围人更多的尊重。

解释说明这个环节最好由 2 人一组来开展，这也是有原因的。假如有 6 个人集合在一起展开讨论，很多时候参加者的注意力都会被声音最大的那个人所吸引和牵制。但是，声音最大的那个人却不一定是主意最好的人。很多时候不太发言的那个人反而有更好的点子。2 人一组相互说明的话，声音大小都没关系，确保每个人都能平等地陈述自己的意见。

虽然只有短短 15 分钟，但对个人、对团队，都是事半功倍的。

“点子记录法”三组操作的示例

xx 年 x 月 xx 日 （写入日期）

为何无法顺利地培养好员工？（　　　　　） （写入自己没能成功培养的员工的名字）

1．是哪一点进展得不顺利？

—
—
—
—
—

（在空白处写上针对每个设问的回答，最开始的时候写1到2行也可以）

2．之前都是怎样与员工沟通交流的？频率、质量如何？

—
—
—
—
—

3．员工本人的工作干劲如何？为何一直没有激发出员工的干劲和热情？

—
—
—
—
—

4．作为领导，您就没有想过其他的办法吗？

—
—
—
—
—

xx 年 x 月 xx 日

为何能够成功地培养好员工？（　　　　　） （写入自己成功培养起来的对象的名字）

1．是怎样成功栽培并促进其做出工作佳绩的？

—
—
—
—
—

2．是怎样和员工进行沟通交流的？

—
—
—
—
—

3．是怎样提高其工作干劲的？

—
—
—
—
—

4．是怎样让员工弥补其工作技能的不足的？

—
—
—
—
—

xx 年 x 月 xx 日

怎样做才能快速培养员工并使其创造出工作佳绩？

1．要最快速最大限度地培养员工，最关键的是什么？

—
—
—
—
—

2．您最希望和员工进行怎样的沟通交流？

—
—
—
—
—

3．要最大化地提高其工作干劲，应该怎么做？

—
—
—
—
—

4．要让员工迅速成长并破壳成功，领导必须进行哪些指导？

—
—
—
—
—